はじめての
Docker
ドッカー

はじめに

　「Docker」(ドッカー)は、オープンソースのクラウド構築製品の中で、エンジニアに今いちばん人気がある製品です。

　なぜ、ここまで魅せられているのでしょうか。

　理由はいくつもあります。
・コンテナは軽量で、低スペックのPCでも充分使える。
・アプリケーション開発において、エンジニアの負担を分散できる。
・オープンソースだが、問題解決のための「コミュニティ・サイト」が充実している。
などなど。

　その最先端をいく「オープンソース技術」を、誰にでも理解してもらいという思いで、本書を執筆しました。

　本書は、「Dockerに興味がある、触れてみたい」「オープンソースの流行の波に乗り遅れたくない」と考えられている人を対象にしています。
　「Linuxエンジニア」や「仮想化エンジニア」はもちろん、これから「Linuxを学習する人」にも、満足してもらえる内容となっていると思います。

　それでは、皆様を「最先端のオープンソース技術」の世界に誘います。

　　　　　　　　　　　　　　　　　　　　　　　　　　　　　西島　剛

はじめてのDocker

CONTENTS

はじめに……………………………………………………………………… 3

第1章　「Linuxコンテナ」とは
- [1-1]　「コンテナ」の仕組み……………………………………………… 7
- [1-2]　「コンテナ」と「仮想化」の違い………………………………… 9
- [1-3]　「PaaS」とは……………………………………………………… 11
- [1-4]　「Linuxコンテナ」のアーキテクチャ…………………………… 15
- [1-5]　SELinux…………………………………………………………… 27

第2章　Dockerの構成
- [2-1]　Dockerの基本……………………………………………………… 31
- [2-2]　「Dockerファイル」の「インストラクション」………………… 39
- [2-3]　Dockerのアーキテクチャ………………………………………… 45

第3章　Dockerの構築
- [3-1]　Dockerのインストール…………………………………………… 47
- [3-2]　「Dockerコンテナ」の構築………………………………………… 55
- [3-3]　Dockerのコマンド………………………………………………… 58
- [3-4]　Dockerネットワーク……………………………………………… 62
- [3-5]　Dockerのセキュリティ技術……………………………………… 66
- [3-6]　Dockerのリソース管理…………………………………………… 67
- [3-7]　Dockerのストレージ管理………………………………………… 68

第4章　Kubernetes
- [4-1]　「オーケストレーション」と「サービス・ディスカバリ」…… 71
- [4-2]　オーケストレーション・ツール「Kubernetes」………………… 73
- [4-3]　Kubernetesの「マスター・サーバ」……………………………… 75
- [4-4]　Kubernetesの「ミニオン・サーバ」……………………………… 78
- [4-5]　Kubernetesの「ワークユニット」………………………………… 80

CONTENTS

第5章　Consul
- [5-1] 「Consul」とは …………………………………………… 83
- [5-2] 「Consul」のアーキテクチャ …………………………… 84
- [5-3] Consulコマンド ………………………………………… 88
- [5-4] Gossipプロトコル ……………………………………… 92
- [5-5] 「マルチ・データセンター」機能 ……………………… 94

第6章　Core OS
- [6-1] 「Core OS」とは ………………………………………… 95
- [6-2] 「Core OS」の「アーキテクチャ」 …………………… 97
- [6-3] 「Core OS」のクラウド展開 …………………………… 102
- [6-4] 「Docker」と「Core OS」 ……………………………… 103

第7章　その他のDocker技術
- [7-1] Docker API ……………………………………………… 105
- [7-2] APIの操作(Containers) ………………………………… 107
- [7-3] APIの操作(Images) ……………………………………… 111

第8章　プロビジョニング
- [8-1] 「Docker」の「プロビジョニング」 …………………… 113
- [8-2] 「Vagrant」のオプション ……………………………… 116
- [8-3] サーバ設定ツール「Chef」 …………………………… 120
- [8-4] Puppet …………………………………………………… 123

第9章　マイクロサービス
- [9-1] 「マイクロサービス」とは …………………………… 125
- [9-2] 「SOA」とは …………………………………………… 130
- [9-3] モノリシック・アーキテクチャ ……………………… 138
- [9-4] マイクロサービスの「APIゲートウェイ」 …………… 143

CONTENTS

附録　Linuxの技術

[附録1]「ファイル・システム」と「ディスクの管理」 …………… 145
[附録2]「LVM」(Logical Volume Management) ………… 149
[附録3]Linuxのセキュリティ技術 …………………………… 152
[附録4]Docker Cloud …………………………………… 154

おわりに ………………………………………………… 157
索　引 …………………………………………………… 158

●各製品名は一般に各社の登録商標または商標ですが、®およびTMは省略しています。

【第1章】
「Linuxコンテナ」とは

この章では、初めて「Docker」の世界に触れる方を対象に、「コンテナの仕組み」と「コンテナと仮想化の違い」「PaaSの概要」を解説していきます。

1-1　「コンテナ」の仕組み

最初に「Docker」の「特徴」と「性質」を解説します。

■「Docker」とは

「Docker」を解説する上で欠かせない技術に、「コンテナ」があります。
「コンテナ」はLinuxから発生した技術です。そして、「Docker技術=Linuxコンテナ技術」と考えて、差し支えありません。

「Docker」は「オープン・ソース」であり、現在「データ・センター」や「クラウド・サービス」で非常に多用されている技術です。

図 1-1　Dockerのサイト (https://www.docker.com/)

特に最近の「Linuxディストリビュータ[※1]」では、積極的に「Docker」を採用しています。

※1　Linuxを配布する個人や団体。

第1章 「Linuxコンテナ」とは

特に多いのが、「PaaS[※2]での活用」です。

■「コンテナ」とは

「コンテナ」とは、一言で言うと、「OS上に複数の仮想的な独立したマシンを搭載する技術」です。

```
主要なコンテナ技術
    chroot
    FreeBSD Jail
    Solaris ゾーン
    Docker
```

図 1-2 主要なコンテナ技術

> **note** ちなみに、「x86」における最初の「コンテナ技術」は、「FreeBSD Jails」です。そして最近までは、「chroot」「Solarisゾーン」「Open VZ」といった技術が有名でした。

■ Linuxコンテナの特徴

Linuxコンテナは「LXC」と略されます。また「OSレベル仮想化」「OS共有技術」などと呼称されることもあります。

　　　　　　　　　　　　　　　＊

Linuxコンテナの特徴を列挙します。

- ほとんどの「Linux ディストリビューション」で使用可能。
- 「ディレクトリ構造」をもつ。
- 「コンテナ」自身が「IPアドレス」と「ホスト名」をもつことが可能。
- OS上のリソースを完全に分離し、構築することが可能。
- 「Linuxカーネル[※3]」による、他プロセスからの分離を実現。
- 「Linuxカーネル」による、リソースのマネジメントを実現。
- OSへのインストール時は、独自のテンプレートを使用。

※2　Platform as a Service（→[1-3]節参照）。
※3　Linux OSを支える機能。

1-2 「コンテナ」と「仮想化」の違い

ここでは「コンテナ」と「仮想化」を比較してみます。
まず、「仮想化」の概要を説明します。

■「ホストOS型」の「仮想化」

「ホストOS型」とは、ハード上に通常のOSを導入後、そのOS上に「仮想マシン」を構築する技術です。

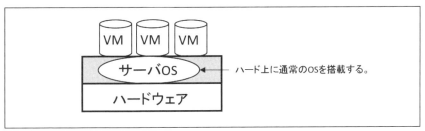

図1-3 ホストOS型

■「ハイパーバイザ型」の「仮想化」

「ハイパーバイザ型」の「仮想化」とは、ハード上に「ハイパーバイザ」という「仮想化基盤」を直接導入し、その「ハイパーバイザ」上に「仮想マシン」を構築する技術です。

別名「ベアメタル型」とも言います。

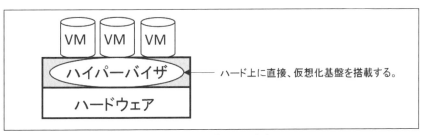

図1-4 ハイパーバイザ型

*

第1章　「Linuxコンテナ」とは

次に「コンテナ」を説明します。

■ Linuxコンテナ

「Linuxコンテナ」は、「ハードの仮想化」ではなく、「OSのリソース分離」が基本です。これが、「OSレベル仮想化」と呼ばれる所以です。

Linuxコンテナ	Linuxコンテナ
Linux OS (RHEL, Ubunyu, etc)	
ハードウェア	

Linuxコンテナ	Linuxコンテナ
ゲストOS(Linux)	ゲストOS(Linux)
ハイパーバイザ	
ハードウェア	

図 1-5 Linuxコンテナ

■「コンテナ」と「仮想化」の違い

ここで「コンテナ」と「仮想化」の機能を比較してみることで、「コンテナ」のメリットとデメリットを列挙してみましょう。

まず、「コンテナ」のメリットを列挙します。
・「仮想マシン」よりも少ないリソースで稼働可能
・「Linuxインスタンス」[※4]のみで稼働可能
・「仮想マシン」よりも速い起動と停止が可能
・「仮想マシン」よりも高いパフォーマンスとスケーラビリティ[※5]の提供
・大量展開においても低いオーバーヘッド[※6]の実現

＊

次に、「コンテナ」のデメリットを列挙します。
・ハードの分離機能がないので、高度なセキュリティ対策が得られない。

[※4]　「インスタンス」は、1つのシステムで複数のサーバを動かしたとき、そのうちの1つのサーバを指して使う言葉。
[※5]　「機器」や「ソフト」「システム」などの拡張性や拡張可能性。
[※6]　プログラムの作業に直接には関係のない処理。

1-3 「PaaS」とは

「Dockerの用途」でいちばん多いのは、「PaaS」の構築です。

■「PaaS」とは

「PaaS」の正式名称は「Platform-as-a-Service」で、主にアプリケーションの開発に必要な「フレームワーク」や「ライブラリ」などの環境を提供するサービスの総称として使われます。

基本的な「PaaS」の概要を以下に示します。

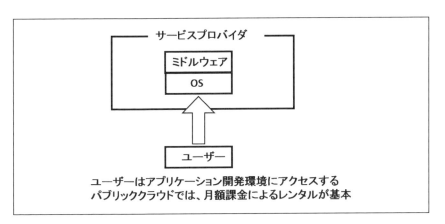

図 1-6 PaaSの概要

そして「Linuxコンテナ」は、「アプリケーション開発環境」の「パッケージング」に最適なので、導入すれば即アプリケーション開発が可能となります。
パブリックまたはオンプレミス[7]のPaaS環境で非常に重宝されている技術です。

※7　自社内運用のシステム。

第1章 「Linuxコンテナ」とは

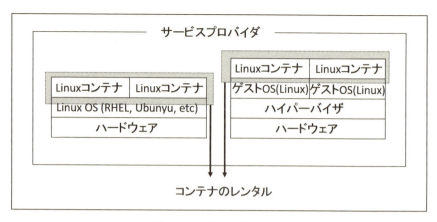

図 1-7 コンテナによるPaaS

■「Docker」をサポートする「PaaS」

　公式に「Docker」をサポートしている「PaaS」のオープン・ソース製品としては、以下があります。

《OpenShift》

　「OpenShift」は、RedHat社が提供する「PaaS」環境です。

図 1-8　Open Shiftのサイト（https://www.openshift.com/）

《Cloud Foundry》

　「Cloud Foundry」は、オープン・ソースの「PaaS」環境です。当初はVMWare社が開発していましたが、現在はCloud Foundry Foundationに移管されています。

12

[1-3]「PaaS」とは

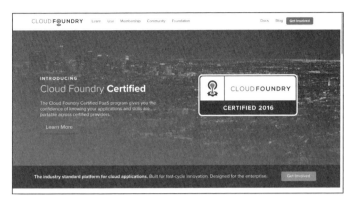

図1-9　Cloud Foundryのサイト（https://www.cloudfoundry.org/）

　また、公式にDockerをサポートしている「PaaSサービス・プロバイダ」には、下記があります。

《Google Cloud Platform》
　グーグルが提供するクラウドのプラットフォームです。

図1-10　Google Cloud Platform（https://cloud.google.com/）

《Google App Engine》
　グーグルが提供するサービスの1つで、Webアプリケーションの開発や実行、バージョン管理ができるサーバ環境です。

13

第1章 「Linuxコンテナ」とは

《Google Container Engine》
　グーグルが提供するコンテナをクラウド上で利用できるサービス。

《Microsoft Azure》
　マイクロソフトが提供するサーバ環境です。

図 1-11　Microsoft Azure（https://azure.microsoft.com/ja-jp/）

1-4　「Linuxコンテナ」のアーキテクチャ

「Linuxコンテナ」を構築する場合、「Linuxカーネル」の技術知識が不可欠です。

特に、これから紹介する「Linuxカーネル」の知識は、確実に理解する必要があります。

■ libvirt

「libvirt」(リブバート)はAPIの一種で、「仮想化技術を管理するライブラリ」です。「Linuxコンテナ」の「ドライバ」として活用します。

「libvirt」を使うには、後述する「Namespace」と「Cgroup」の導入が必須です。

＊

「libvirt」の特徴を以下に図示します。

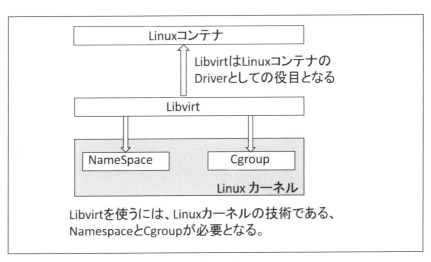

図 1-12 「libvirt」の概要

要するに、「Linuxコンテナ」を「作成」したり「管理」するには、OSリソースの「分離」や「管理」が必要なため、分離技術である「Namespace」と、管理技術である「Cgroup」を使う必要があります。

第1章 「Linuxコンテナ」とは

そして、これら2つの技術の仲介役として、「libvirt」が存在する、と理解すれば大丈夫です。

■ Namespace（名前空間）

「Namespace」は、「Linuxカーネル」による、「プロセス・レベル」の分離技術です。この機能によって、OS上で「コンテナ」を「独立」させることができます。

また、前述の通り、「Libvirt」を使うには、この「カーネル技術」が必須となります。

*

「Namespace」の特徴を列挙します。

・「自分自身のコンテナ環境」のみを動かすことができ、「他のコンテナ」を動かすことは一切不可能にする(アクセスなども不可能)。
よって、「コンテナ間」では、お互いに「見る」ことも「プロセスを修正する」ことも不可能となる。
・「コンテナ」は「ディレクトリ構造」をもっているが、「Namespace」を使って「ルート・ディレクトリの変更」を制限できる(「chroot」のような機能の制限)。
・「コンテナ間」の「IPのやり取り」は許可するが、その場合は、「コンテナ用」に割り当てられる「パブリックなIPアドレス」が必要。

---

*

そして「Linuxリソース」の「プロセス分離」には、以下の6つの「Namespace技術」使います。

① Pid

「Pid」は「プロセスID」のことで、「コンテナ」において非常に重要な分離要因のひとつです。

重要な機能は、以下の通りです。

・「Pid」自身で階層を形成(カーネルによる追跡機能あり)
・「親Pid」による「子Pid」の管理(「子Pid」が「親Pid」を管理する機能はない)

②Net

「Net」はネットワークの管理に使います。

個々の「Net」は、それ自身の「ネットワーク・インターフェイス」をもつことが可能です。

「Namespace」では、ネットワークに関して、以下の特徴があります。
・「コンテナ」ごとの「ネットワーク」を作る
・「コンテナ」が「ネットワーク・デバイス」を所持できる

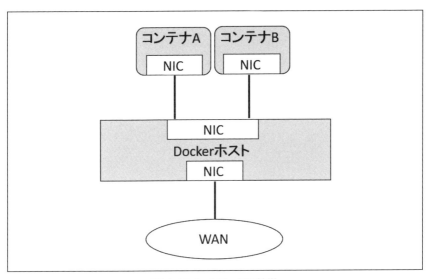

図 1-13 ネットワークの特徴

③Ipc

「プロセス間通信」を分離します。

④Mnt

プロセス設定時の「マウント・ポイント」(ファイル・システム)を分離します。

第1章 「Linuxコンテナ」とは

⑤ Uts
「ホスト名」と「NISのドメイン名」を分離します。

⑥ User
「ユーザーID」と「グループID」を分離します。

■ Cgroup (Control Group)

「Cgroup」は、リソースの「分離」「認証」「制御」と、「コンテナ内をプロセス管理」するための、「Linuxカーネルの機能」です。

「プロセス」が使える「リソース」を制限する機能を提供します。

こちらも、前述の通り「libvirt」を使う際に必須の機能であり、「コントローラを管理するための機能」と理解してください。

 note その他にも、「DoSアタック[※8]の防御」や「マルチテナント[※9]の作成」なども可能です。

「Cgroup」によって制限することができるリソースの種類は、以下のとおりです。

① 必須コントローラ

《Process accounting (cpuacct)》
「CPU使用率」をレポートします。
この情報は、クライアントに適切なプロセス量を割り当てる指標になります。

《Device access (devices)》
「Cgroup」が「デバイスの種類」を選択するタスクを許可します。

※8 大量のデータや不正なデータを送りつけて相手方のシステムを正常に稼働できない状態に追い込むこと。
※9 1つのシステムの中に複数の企業(ユーザー)のサービスを同居させること。

[1-4]「Linuxコンテナ」のアーキテクチャ

《Memory usage (memory)》
タスクで使われるメモリの限界値です。「メモリ・リソース」のレポートも作成します。

②推奨コントローラ

《Processor scheduling (cpu)》
プロセスをスケジュールすることで、「Cgroup」の「アクセス量」の割り当てをコントロールします。

《Suspend/Resume (freezer)》
「Cgroupのタスク」を「一時中断」(Suspend)する機能と「履歴を残す」(Resume)機能です。

《Storage (blkio)》
「ストレージ・デバイス」にアクセスする「インプット」と「アウトプット」の量を制限します。

③その他のコントローラ

《CPU assignment (cpuset)》
マルチコア環境において、「特定のプロセッサの設定」と「メモリの紐付け」にタスクを割り当てます。

《Network bandwidth (net_cls)》
特定の「Cgroupタスク」にアクセスする「ネットワーク」を制限します。
「パケット」を発生させ、それぞれの「Cgroup」からやってくる「パケット」を「監視」「制限」する、「Linuxトラフィック・コントローラ」というものがあります。
その機能をもつ「Cgroupタスク」を識別する「ネットワーク・パケット」に、タグを付けて制限します。

《Network traffic (net_prio)》
選択された「Cgroup」からやって来る「ネットワーク・トラフィック」の

第1章 「Linuxコンテナ」とは

優先順位を設定します。
　管理者は、これらの優先事項を直ちに変更できます。

《Namespace (ns)》
　「Cgroup」を「Namespace」ごとに分離します。
　この機能を使うと、1つの「Cgroup」のプロセスは、Cgroupと関連付けられている「Namespace」のみで見ることが可能です。
　「Namespace」は、分離された「プロセス・テーブル」「マウント・テーブル」「ネットワーク・インターフェイス」を含むことが可能です。

■ コピー・オン・ライト (COW)

　ここでは「コンテナ」を支える上で重要な機能である「コピー・オン・ライト」(COW)、そしてそれを応用した「COWファイル・システム」を解説します。

● COW

　「COW」とは、一言で言うと「メモリ共有技術」です。
　Linuxにおいて、通常時に生成される「子プロセス」は、「親プロセス」をすべてコピー、要するにデータすべてのコピーとなるので無駄な時間とリソースを費やすことになります。
　「COW」では、プロセス発生時にプロセスをコピーするのではなく、親プロセスに「共有空間」を作ります。その共有空間に子プロセスの部分書き込みを行いますので、当然メモリの全コピーより手間が少なく、よって時間とリソースを節約することが可能となります。

● COWファイル・システム

　「COWファイル・システム」とは、一言でいうと「スナップショット[※10]技術を用いたコピー・オン・ライト」です。

※10　スナップショットとは、稼動中のファイルやシステムの一部などを、特定のタイミングで抜き出す方法。

[1-4]「Linuxコンテナ」のアーキテクチャ

特に「Docker」では、「Aufs」や「Btrfs」という「Linux専用COWファイル・システム」（後述）を使うこともできます。

*

通常の「ファイル・システム」の場合、新しいデータは既存のデータに上書きします。そして、新しいコピーが作られます。

しかし、「COWファイル・システム」では、通常の「Linuxファイル・システム」とは違い、生データの上に書き込みません。

代わりに、ディスク上にある既存の未使用ブロックを使い、そこに更新します。

すべてのデータがディスクにアップデートされたときに、「新しいデータ」として、使えるようになります。

COWファイル・システムのデータ保存方法

どのようにして「ファイル・システム」にデータが保存されるのか、もう少し具体的に見ていきます。

通常、「ファイル・システム」は複数の「ブロック」に分割されます。たとえばブロックが12個に分割されていると仮定します。そうすると、個々の「iノード※11」は12個の「ポインタ※12」をもつことになります。

保存されるファイルが、12ブロックよりも少ない場合は、「iノード」は直接ブロックにポイントします。

「データ」が12ブロックを超える場合は、その12ブロックは、「インダイレクト・ポインタ」を作り、そのブロックよりも多いポインタにします。

※11 「ext2」などのUnix系ファイル・システムで古くから使われているデータ構造。
※12 システムが論理的位置情報でアクセスするとき、それを参照するもの。

第1章 「Linuxコンテナ」とは

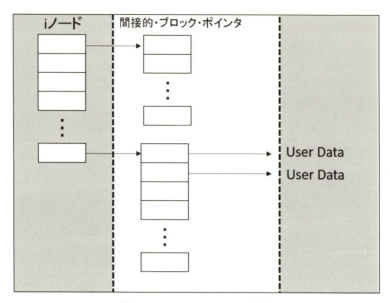

図 1-14　copy on writeの概要

　既存のデータを修正する場合は、オリジナルのデータを変更されないようにするため、ファイル・システムの中の使われていないブロックに書き込みます。

　データとなる新しいブロックにポイントするため、すべての「間接的ブロック・ポインタ」(indirect block pointer)は、修正されなければなりません。

　この場合、ファイル・システムはコピーを修正する既存のポインタすべてにコピーします。ファイル・システムは間接的ポインタの新しいブロックを参照するコピーの修正によって、その時点で再度「iノード」をアップデートします。

　いったん修正が完了すると、オリジナル・データへのポインタは修正されないままとなり、更新データ用の「ポインタ」「ブロック」「iノード」の新規の設定が存在するようになります。

[1-4]「Linuxコンテナ」のアーキテクチャ

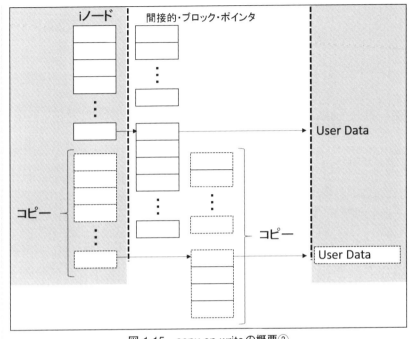

図 1-15　copy on writeの概要②

＊

「COW」の最大の利点は、「スペースの効率的な使用」です。

これは、「スナップショットを作るために必要なスペースが最小である」という事実に起因しています。

■ ファイル・システム

「Linuxアーキテクチャ」の「主要なファイル・システム」を解説します。

① Aufs

「Aufs」は、現在ではDockerのみで使われる「UnionFS[※13]」であり、ほとんどのLinuxカーネルではサポート外となっています(一部「Ubuntu」や「Debian」で使われる程度です)。

※13　複数のファイル・システムを1つの場所にマウントすることができるシステム。後述。

第1章 「Linux コンテナ」とは

　少し前までは、Docker は「ファイル・システム」を「Aufs」によって可視化していました。しかし最近では、「Btrfs」を使う傾向にあります。

＊

　「Aufs」は「ファイル・システム」を「レイヤー化」します。これらの「レイヤー」は読み込み専用です。

　個々の「Docker イメージ」は、さまざまな「レイヤー」に紐付けられます。これらの「レイヤー」は、「Aufs」で1つの「シングル・ユニット」に結合されます。

　「Aufs」は、「Docker イメージ」と一緒に紐付けられるすべての「レイヤー」を結合して、「マウント・ポイント」を作ります。

　このように「レイヤーを結合する」のは、「プロセスを可視化」するためです。

② Btrfs

　高度な「ファイル・システム機能」を提供する「COW」です。

　「Docker」で最もよく使われている「COW ファイル・システム」で、「フォールト・トレランス機能[※14]」と、簡易な「管理者機能」を提供します。

　「Docker」で使う「ファイル・システム」では、いちばん高速に展開できる「ファイル・システム」でしょう。

＊

　デメリットとしては、「SELinux」(後述)の制約により、ページ・キャッシュの共有が許可されていないところでしょうか。

> **Column**
>
> ### Btrfs の性質
>
> 　具体的にどのような性質をもつのでしょうか。
>
> 　「Btrfs」では、マルチタスクで同じデータを利用するときに「COW」を使います。
>
> 　アプリケーションがファイルからデータを要求するとき、データは「メモリ」か「キャッシュ」に送られます。

※14　システムの一部に問題が生じても全体が機能停止するということなく、機能を縮小してでも動作し続けるようなシステムを設計するもの。

[1-4]「Linuxコンテナ」のアーキテクチャ

　個々のアプリケーションがそれら自身の「メモリ・スペース」をもつ場合、それぞれのアプリケーションが同じデータを要求すると、「メモリ・スペース」1つのみが「COW」によって許可され、その「メモリ・スペース」は「すべてのアプリケーション」によってポイントされます。

　データが書き換えられるアプリケーションは、新規のアップデート情報と一緒に、それ自身の「メモリ・スペース」が与えられます。
　その他のアプリケーションは、「オリジナル・データ」と一緒に「古いポインタ」を使い続けます。

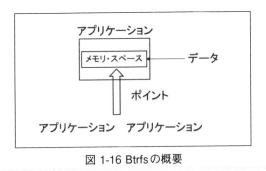

図 1-16 Btrfsの概要

＊

　「Btrfs」でも「実行レイヤー」に「ファイル・システム」レベルの「スナップショット」を使います。
　「スナップショット」は「ファイル・システム」の状態の「読み込み専用コピー」であり、「ポイント・イン・タイム」のコピーです。
　「ストレージ・スナップショット」は、それに割り当てられ、あらかじめ明示されたスペースを使って作られます。
　「スナップショット」が作られると、「オリジナル・データ」と一緒に紐づけられた「メタデータ」が、コピーとして保存されます。

③Device Mapper

　「Docker」で使える「ストレージ・ドライバ」のひとつで、「論理ボリューム[※15]管理」をサポートする「Linuxカーネル2.6.1」のコンポーネントです。

※15　複数のハードディスクやパーティションにまたがった記憶領域を1つの論理的なディスクとして扱うことのできるディスク管理機能。

25

第1章 「Linuxコンテナ」とは

「Device Mapper」では、「レイヤー実行用」の「シン・プロビジョニング・モジュール[※16]」を使い、ブロックの「シン・プール[※17]」を作成します。

「Device Mapper」は、「Linuxカーネル機能」であり、ブロック・レベルの「コピー・オン・ライト」システムです。

＊

「Device Mapper」を使って「ブロック・デバイス」を作る場合、空のファイルである「sparse file」(スパース・ファイル)というファイルを「ループバック・デバイス[※18]」として使います。これについては、第3章で詳細を解説します。

※16 ストレージリソースを仮想化して割り当てることで、ストレージの物理容量を削減できる技術。
※17 物理的な容量を割り当てるためにプールしておく「物理ディスク」の集合体。
※18 Linuxでイメージ・ファイルをハードディスクのようなブロック・デバイスとして扱うための機能。

1-5 SELinux

「SELinux」とは、「Security Enhanced Linux」の略称で、「NSA」(National Security Agency)によって開発されました。

■ SELinuxとは

「SELinux」はLinuxシステムの「セキュリティ・レベル」を拡張するモジュールです。

「SELinux」は「subject」と「object」上に「ロールベース・アクセス制御[19]」、通称「RBAC」(Role Based Access Controls)を実装し、改善されたセキュリティを実装します。

> note ちなみに、従来の「Linuxセキュリティ」には「任意アクセス制御[20]」、通称「DAC」(Discretionary Access Controls)が使われています。

「SELinux」は「DAC」の後継ではありません。「DAC」に追加されるセキュリティ機能、と理解してください。

要するに、「SELinux」においても「DAC」のルールは適用されます。

これはつまり、「DACルールのチェックの後に、SELinuxのポリシーのチェックが始まる」とか、「いったんDACルールではじかれるとSELinuxはレビューしない」などということが起きるということです。

「SELinux」は「Linuxコンテナ」の分離には、必ず出てくる機能です。
そして、「Red Hat Enterprise Linux」にはデフォルトで搭載されます。

*

「SELinux」を使うことによって、どのようなメリットがあるのでしょうか。

※19 認証されていないユーザーによるシステムへのアクセスを制限するための制御。
※20 管理者が指定したものよりも限定的なアクセスを自分自身のリソースに認めることが許されている制御。

第1章 「Linuxコンテナ」とは

列挙してみます。
- 「RBACアクセス制御モデル[21]」を実行できる
- Subject[22]用に「最小権限のアクセス」の使用
  各subjectがタスク実行するのに必要な権限だけを得ることができる。
- Sandbox[23]のプロセスの許可
  「sandbox内で稼働するプロセス」を許可する。
- 実装前の機能テストの許可
  「SELinux」は「permissiveモード」をもっている。「Permissiveモード」とは、「SELinuxの実施効果」を見ることを可能にするモード。
  「Permissiveモード」で、「SELinux」は「AVC denials」と呼ばれる「セキュリティ違反」を記録し、その「セキュリティ違反」自体を許可する。

■「従来のLinux」vs「SELinux」

「SELinux」を使わなければ、どのようなことが起こるのでしょうか。
「SELinux」を使わない場合を、「http」の「デーモン」によって比較してみましょう。

＊

従来のLinuxにおける「httpd」では、Webブラウザからのリクエストが来て、リクエストを聞くとき、以下のようなことを行ないます。

- アクセス者とグループを紐づけるため、全パーミッション (read, write, execute) に基づく、全ファイルとディレクトリにアクセス。
- ファイルのアップロードの許可や、システム制御の変更など不安定な動きをする。
- リクエストを受けるごとに全ポートに聞きにいく。

＊

---

[21] ロールベース・アクセス制御 (Role-based access control, RBAC) は、認められたユーザーのシステムアクセスを制限するコンピュータセキュリティの手法の一種。

[22] この「subject」とは親プロセスから引き継ぐプロセスのこと。

[23] 外部から受け取ったプログラムを保護された領域で動作させることによってシステムが不正に操作されるのを防ぐセキュリティ機構。

[1-5] SELinux

「SELinux」を使えば、「httpd」をより緻密にコントロールできます。

先ほどのWebブラウザの動きを「SELinux」を使うことで、以下のような利点が生まれます。

・「SELinux」が許可したポートのみに聞きにいく。
・セキュリティ上問題のあるファイルから「httpd」を防御。悪意あるコードを制御する。

■「SELinux」の基本

一般的な「IDによる認証方法」によって、「SELinux」の動きを理解してみましょう。

通常の認証は、「正常なIDかどうか」を認証しますが、「SELinux」における認証では、以下の技術が登場します。

これらは相互に作用します。

①RBAC

「RBAC」では、オブジェクトにアクセスする場合、オブジェクトの「ユーザー名」や「ID」が割り当てられるのではなく、「組織ごとの割り当てられたルール」で、アクセスします。

そして各ルールには、「アクセス権」が付与されます。

②Type Enforcement (TE)

「TE」は、下記の方法によってセキュリティを担保します。「RBAC」の実行には不可欠です。

・オブジェクトのラベリング
・特定ドメインと役割へのサブジェクトの割り当て
・ルールの提供(オブジェクトにアクセスするためにドメインやルールを許可する)。

第1章 「Linuxコンテナ」とは

③ Multi-Level Security (MLS)

　よりアクセスを制限したい場合は、「MLS」を使います。

　「MLS」は前述した「TE」を使います。そして、「セキュリティ・クリアランス[※24]」の追加の機能を伴います。

　同時に、「マルチカテゴリ」の「セキュリティ」も提供します。

　これは「オブジェクト」に詳細な「レベル付け」ができます。

　※24　データまたは情報にアクセスするために、個人に与えられる許可の範囲。

【第2章】 Dockerの構成

ここから、「Docker」の具体的な仕組みを解説していきます。
第2章では、「Docker」の「アーキテクチャ」について解説します。

2-1　Dockerの基本

　前章で「Linuxコンテナ」の仕組みを解説しましたが、「Linuxコンテナ」は他にも存在する中で、なぜ「Docker」に人気が集まっているのか、その理由を解説していきます。

■ なぜ「Docker」か

　「Docker」を採用する理由には、さまざまなものがあります。

　例を挙げます。

- 数多くの軽量な「コンテナ」や「イメージ」を「簡単」かつ「柔軟」に起ち上げることができる。
- 「Docker Hub」の登場で、さまざまなイメージを共有することが可能。
- 「オーケストレーション」[※1]が充実している。
- 迅速にアプリケーションを展開できるため、アプリケーション開発者の負担が軽減する。
- アプリケーション開発のための「テスト・チーム」や「リリース・チーム」との連携が容易。
- 「拡張」と「展開」が容易。

　「Docker」は、「クラウド」「オンプレミス」「仮想化環境」「物理環境」など、あらゆる環境において展開することが可能です。
　たとえば、「物理デスクトップ環境」で開発していたコンテナを、こんどは「クラウド上」で使う、などということが簡単にできるのです。

※1　複雑なコンピュータシステムに対して、「ハード」「ミドルウェア」「アプリケーション」「サービス」「設定」「管理」などを自動化すること。後述。

第2章　Dockerの構成

また「Docker」は、「コンテナ」を拡張することが非常に容易です。数百台レベルの拡張でも、難なくできます。

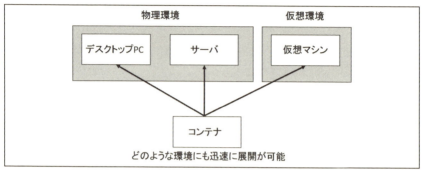

図 2-1　「コンテナ」の拡張

また、チームの動きの円滑化については、以下のように図示すると分かりやすいかもしれません。

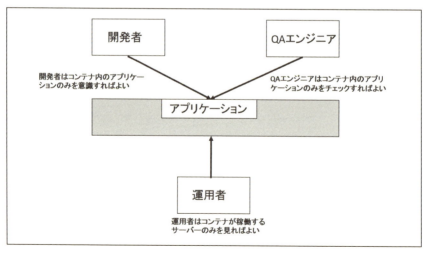

図 2-2　プロジェクトの流れ①：担当者の役割

本番環境へのリリースの流れについても、同じです。

[2-1] Dockerの基本

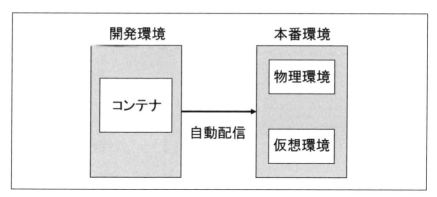

図2-3　プロジェクトの流れ②：本番環境へのリリース

● 「Docker」vs.「仮想マシン」

　ここで「Docker」と「ハイパーバイザ」を使った「仮想マシン」を比較して、どちらが優れているか、検証してみましょう。

　「ハイパーバイザ」は、ハードの仮想化を実現するための低レベルのソフト（プログラム）ですが、「Docker」を使った場合、この「ハイパーバイザ」を使う必要がないので、「サーバ・リソース」のコストを減らすことができ、結果、最小限のOSのリソースで事足ります。
　そのほか、「オーケストレーション機能」も充実しているので、迅速かつ安定的にアプリケーションを開発できる点で、「Docker」に軍配が上がります。

■ Dockerの構成要素

　このように、魅力的なDockerですが、そのDockerを構成する要素には何があるのでしょうか。

　基本的な構成要素は以下になります。
① Dockerコンテナ
② Dockerイメージ
③ Dockerレジストリ
④ Dockerファイル

　まず、これらの相関図を下記に示します。

第2章　Dockerの構成

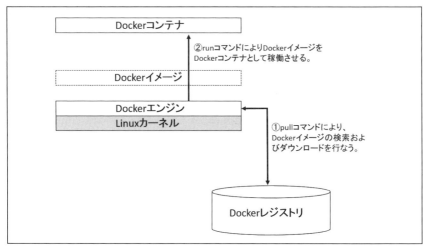

図 2-4　Dockerの相関図

　それでは、このDockerの4つの構成要素を解説していきます。

①Dockerコンテナ

　「Dockerコンテナ」は、前章で説明した「Linuxコンテナ」の技術を使います。

　「Dockerコンテナ」は、以下の機能を提供します。

《ポータビリティ性能》

　後述の「Dockerレジストリ」から、いつでも「Dockerイメージ」を取得し、「Dockerクライアント」上で「Dockerコンテナ」を稼働させることができます。

　また、作業終了時には、いつでも「Dockerコンテナ」を削除できます。ここが、「ポータビリティ」と言われる所以です。

 なぜこのようなことが可能なのでしょうか。
　それは、アプリケーションを1つの「ユニット」として固定することができるためで、これにより「コンテナ」を変更させることなく、さまざまな環境でアプリケーション開発が可能になるのです。

[2-1] Dockerの基本

《外部リソースによるアクセスからの防御機能》

「Dockerコンテナ」のコンセプトは、「完全独立のプラットフォーム」です。なので、「外部リソースからのアクセス」「他プロセスとの混合」を許可しません。こうすることで、悪意ある攻撃から防ぐことができます。

*

「Dockerコンテナ」は、後述する「Dockerイメージ」から起ち上げ、同時に「プロセス」を起ち上げます。

最初に「Dockerレジストリ」から「Dockerイメージ」をダウンロードし、その「Dockerイメージ」を、「runコマンド」で「Dockerコンテナ」に変換する―と理解してください（**図2-4**参照）。

つまり、「Dockerイメージ」上でインストール、構築されたアプリケーションは、「Dockerイメージ」から作られた「コンテナ」上で稼働することとなります。

「Dockerコンテナ」は1つの「箱」であり、そこで「起動」「停止」「リブート」「展開」が、容易にできます。

②Dockerイメージ

「Dockerイメージ」とは、「Dockerコンテナ」を構築するうえで必須のコンポーネントです。

「Dockerイメージ」で「コンテナ」を起ち上げます。そして「Dockerイメージ」は、「Docker」の「ライフサイクル[※2]」を作ります。

つまり「Dockerイメージ」は、システムの「スナップショット」であり、ファイル・システムの「スナップショット」である、とも言えます。

*

「Dockerイメージ」を語るうえで欠かせないのは、「レイヤー構造」です。

まず、「Docker」内部は、さまざまな「レイヤー」の集合体です。

「TCP/IP」の「OSI参照モデル[※3]」をイメージすれば、分かりやすいでしょうか。

※2　ここではコンテナの作成や起動などの一連の動作を指す。

※3　「OSI（Open Systems Interconnection）参照モデル」は、国際標準化機構（ISO）により策定された、パソコンなどの通信機器の通信機能を、階層構造に分割したモデル。

第2章　Dockerの構成

　最下層のレイヤーを「レイヤー0」と呼びます。このレイヤー構成は、**[1-4]** で解説した「COW」の技術で、「イメージの差分」を積み重ねます。

＊

「レイヤー構造」の概要を以下に示します。

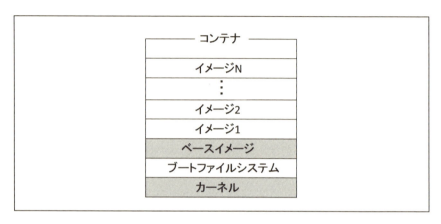

図 2-5　「Dockerイメージ」の「レイヤー構造」

　図2-5の「ベース・イメージ」は「OS」、「イメージ1〜n」は「アプリケーション」などになります。

　「ブートファイル・システム[※4]」は、通常のLinux系OSの「ブートファイル・システム」に酷似している、ファイル・システムです。

＊

今まで解説した内容を踏まえて「Dockerイメージ」の特徴を列挙します。
- 「Dockerイメージ」は「カーネル・イメージ」と同一の性質をもつ。
- 「Dockerイメージ」には「Union file systems[※5]」(UnionFS)を使う。

　「UnionFS」は、コンテナのような独立したリソース上のファイル・システムのマウント場所を一箇所に集約する技術で、「Docker」では、この技術を使って「ファイルの更新」「コマンド実行」「ポート解放」などを行ないます。

※4　boot file system。Linuxブート時に必須となるシステム。
※5　union mountとも呼ばれる。

[2-1] Dockerの基本

「Dockerイメージ」を「Dockerクライアント」から「Dockerレジストリ」にアップロードする場合は、「pushコマンド」を使います。
　また「Dockerイメージ」を「Dockerレジストリ」から「Dockerクライアント」にダウンロードする場合は、「pullコマンド」を使います。

③Dockerレジストリ

　「Dockerレジストリ」は、「Dockerイメージ」用の「リポジトリ[※6]」です。要するに、「Dockerイメージ」の保存場所になります。

　「Dockerレジストリ」は、(A)「オンプレミス」(自前サーバ)と(B)「パブリック・クラウド」——の、2つの方法で使うことができます。

　(A)の場合は、自身もしくは自社が管理することとなります。

　(B)の場合は、「Docker Hub」というものがあります。
　この「Docker Hub」では、不特定多数のユーザーが「Dockerイメージ」をアップロードでき、また、アクセスできるユーザーであれば、だれでもその「Dockerイメージ」をダウンロードすることもできます。

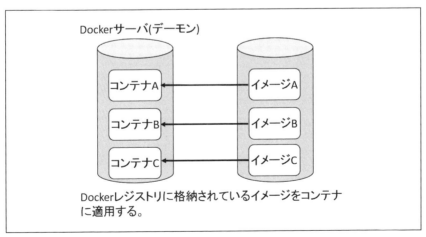

図2-6　レジストリ構造

※6　ここではシステムを一元管理するデータベースという意味

第2章　Dockerの構成

　使用方法として、たとえば「Docker Hub」から「Dockerイメージ」を取得する場合、まず「Dockerクライアント」は、「Docker Hub」のWebにアクセスします。

　その後、「docker pullコマンド」を使って、「Dockerイメージ」を検索、ダウンロードします。

④Dockerファイル

　「Dockerファイル」とは、「Dockerイメージ」をコンパイルするためのスクリプトです。

　「Dockerイメージ」を作る方法の1つが、「Dockerファイルの適用」になります。

*

　「Dockerファイル」は、さまざまなコマンドや引数で構成された「プレーン・テキスト」です。「buildコマンド」で、「Dockerイメージ」を作ります。

　たとえば、ユーザーが『「Docker Hub」から取得した「Dockerイメージ」を作り直したい』などといった場合に、「Dockerファイル」を作ります。

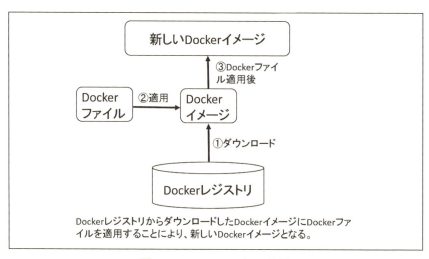

図 2-7　Dockerファイルの役割

2-2 「Dockerファイル」の「インストラクション」

次に、「Dockerファイル」の「インストラクション」(命令)を解説します。

＊

「Dockerファイル」のフォーマットは、以下になります。

```
# Comment
INSTRUCTION arguments
```

■「Dockerファイル」の主な「インストラクション」

《FROM》

作成される新規「Dockerイメージ」から、元となる「Dockerイメージ」を表示します。

```
FROM <image>
FROM <image> : <tag>
FROM <image>@<digest>
```

《MAINTANER》

作成者を登録または表示します。

```
MAINTAINER <name>
```

《RUN》

シェルコマンドを実行します。

```
RUN <command>
RUN ["executable", "arg1", "arg2"]
```

《ENV》

環境変数を「設定」または「表示」します。

```
ENV <Key> <Value>
```

第2章 Dockerの構成

《CMD》

特定のコマンドを実行します。

RUNと違うところは、コンテナが「ビルド・イメージ」から作られるときに実行される点です。

```
CMD <executable>
CMD <arg1, arg2>
CMD command param1 param2
```

《ADD》

「ソース」と「転送先」の、2つの引数を取得します。

```
ADD <source directory> <destination directory>
ADD /source/destination/
```

《COPY》

「ファイル」や「フォルダ」をコピーします。

```
COPY <source><destination>
COPY /source/destination/
```

《EXPOSE》

「Dockerコンテナ」と「外部環境」を接続可能にするために、必要なポートの紐付けをします。

```
EXPOSE <port>
```

《ENTRYPOINT》

この「インストラクション」(命令)を使うと、特定のアプリケーションが「デフォルト」として設定され、イメージを使って「コンテナ」が作られるたびに、そのアプリが起動します。

```
ENTRYPOINT <executable, arg1, arg2>
ENTRYPOINT <command, arg1, arg2>
```

[2-2]「Dockerファイル」の「インストラクション」

《USER》

「UID」(ユーザーネーム)を設定します。

```
USER <xxx>
```

《VOLUME》

「コンテナ」に、特定の「ファイル」や「ディレクトリ」をマウントします。

```
VOLUME <path>
VOLUME <"/data>
```

《WORKDIR》

前述の「RNU」「CMD」「ENTRYPOINT」用の「ディレクトリ」を設定します。

```
WORKDIR /path/to/workdir
```

《LABEL》

「イメージ」に「メタデータ」を追加します。「LABEL」は、「キー」と「バリュー」のペアです。

```
LABEL <key>=<value>
```

《ONBUILD》

この「インストラクション」(命令)は、「イメージ」が別の「ビルド」(build)のための「ベース・イメージ」として使われるときに、それを実行する「トリガー」としての機能を「イメージ」に追加します。

他のビルド用インストラクションも、「トリガー」として登録可能です。

```
ONBUILD RUN /usr/xxx/xxx
```

第2章　Dockerの構成

【「ONBUILD」の動き】

[1] ビルド中に「ONBUILD」にあたると、「トリガー」を登録し、「イメージ」の「メタデータ」にそれを追加します。
現在のビルドには、影響しません。

[2] それら「トリガー」のリストは、「イメージ・マニフェスト」に追加されます。
その場合、ビルドの最後に「ONBUILD」という命名の「キー」として追加されます。

[3] その後、このイメージが「FROM」の一部として、新規ビルド用の「ベース・イメージ」に使われます。
それらが登録された順に、「ONBUILD」の「キートリガー」は、「読み込み」と「実行」を行ないます。

[4] 「トリガー」が実行された後は、最後の「イメージ」からクリアされます。

【ONBUILDの例】
```
FROM    xxx
RUN     xxx
ENTRYPOINT  xxx
CMD   xxx
ONBUILD RUN /usr/xxx
```

＊

以下に、「Dockerファイル」の例を記載します。

【「Dockerファイル」の例】
```
FROM   centos
MAINTAINER  Go Nishijima
ENV    container
RUN    yum xxx
```

[2-2]「Dockerファイル」の「インストラクション」

```
RUN     apt-key xxx
RUN     echo xxx
RUN     apt-get xxx
CMD     /xxx/xxx/
EXPOSE  443
```

■「Dockerファイル」の実践

では、実際に「Dockerファイル」を作ってみまましょう。

新規で「Dockerファイル」を作り、Webサーバの役割をもつ「Dockerイメージ」を作ってみます。

【STEP1】「ディレクトリ」と「ファイル」の作成

```
$ mkdir web-server
$ cd web-server
$ touch Dockerfile
$ ls
Dockerfile
```

まず「Dockerファイル」を保存するための「ディレクトリ」を作成し、新規で「Dockerfile」というファイルを作ります。
このディレクトリは、今回の「Dokcerコンテキスト」の構築環境となります。

【STEP2】「WebサーバDockerイメージ」を作るための「Dockerファイル」の作成

```
# web server
FROM    ubuntu: 15.04
MAINTAINER  Go Nishijima
RUN     apt-get updata
RUN     apt-get install -y httpd
RUN     echo 'This is Docker container' ¥ >/var/www/index.html
```

第2章 Dockerの構成

```
EXPOSE  80
```

ファイルの中身を説明します。
Fromで元となるイメージとして、「ubuntu:15.04」を指定します。
管理者を「Go Nishijima」にします。
イメージ実行時のコマンドを「apt-get」と「echo」にします。
外部環境と接続を可能とするポートに「80」を指定します

MEMO

[2-3] Dockerのアーキテクチャ

2-3 Dockerのアーキテクチャ

「Docker」は、「クライアント/サーバ方式」を採用しています。
　そして「Docker」は、「Dockerクライアント」と「Dockerサーバ」(デーモン[※7])で構成されます。

■ Dockerエンジン

　「Dockerクライアント」と「Dockerサーバ」は、まとめて「Dockerエンジン」と呼ばれることもあります。

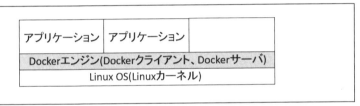

図 2-8　クライアントとサーバ間の関係

　「Dockerクライアント」と「Dockerサーバ」は、どのような関係になるのでしょうか。以下にまとめてみました。

・「Dockerクライアント」と「Dockerサーバ」(デーモン)間の通信は、「ソケット」か「REST API[※8]」を使う。
・「Dockerサーバ」(デーモン)と「Dockerクライアント」は、「同一ホスト」でも「違うホスト」でも稼働させることが可能。
・「Dockerクライアント」は、Docker専門のコマンドを使い、「Dockerデーモン」に指示を出し、「コンテナ」を作成、展開する。
・「Dockerデーモン」は、「コンテナ操作」に関する一切の制御を行なう。
・「Dockerクライアント」は、「Dockerコンテナ」が稼働する「Dockerバイナリ」か、「REST API」からコマンドを受け取る。

※7　Linux/Unixで使われるプロセス提供プログラム。
※8　WEBシステム全般で使用される呼び出し規約。

第2章　Dockerの構成

　上記をまとめると、「クライアント」と「サーバ」間の「通信関係」は以下のようになります。

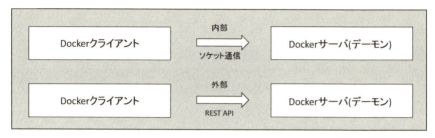

図 2-9　クライアントとサーバ間の通信

　また、「クライアント」と「サーバ」間の「コマンド関係」を以下のようになります。

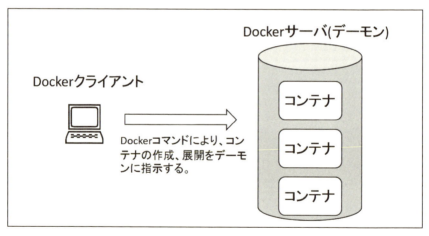

図 2-10　「クライアント」と「サーバ」間のコマンド

【第3章】Dockerの構築

この章では、「Docker」を実際に構築するための「技術」と「ノウハウ」を解説していきます。

3-1　Dockerのインストール

　「Docker」は、「Linux系」または「Unix系」のOSにインストールできます。
また、「Windows」や「Mac」にインストールする場合は、「boot2Docker」などのツールが必要です。

■ サポートする「OS」と「プラットフォーム」

　「Docker」がサポートしているプラットフォームは、以下の通りです。

【Linux系・Unix系】
・Red Hat Enterprise Linux
・Ubuntu
・Debian
・CentOS
・Fedora
・Oracle Linux
・SUSE
・Arch Linux

【その他OS】
・Windows
・Mac

第3章　Dockerの構築

【クラウド・プラットフォーム】
- Microsoft Azure
- Amazon EC2
- Google Cloud Platform
- Rackspace
- IBM Softlayer
- Digital ocean

■ 要求スペック

Dockerのインストールに必要な最小スペックは、以下のとおりです。

- 64ビットOS (32ビットはサポートされていない)
- X86_64またはAMD64
- Linuxカーネルバージョンは「3.8」以上
- カーネルは以下の「ストレージ・ドライバ」のサポートを必須とする[※1]。
    - 《Device Mapper》
    - 《Aufs》
    - 《Btrfs》
    - 《VFS[※2]》
    - 《ZFS[※3]》
- 「Cgroup」と「Namespace」のカーネル機能のサポートは必須とする。

■ 「Linux系OS」へのインストール (「Ubuntu」の場合)

「Docker」の「Linux系OS」へのインストールは簡単です。

使用するコマンドは、Debian系は「apt-get install」コマンド、RHELやFedoraなどは「yum install」コマンドになります。

[※1]　デフォルトのストレージ・ドライバは「Device Mapper」または「Aufs」。
[※2]　仮想ファイル・システム (Virtual File System)の略称。
[※3]　「Oracle Solaris」で実装されているファイル・システム。

[3-1] Dockerのインストール

【手順】Ubuntuへのインストール

[1] 最新のUbuntuパッケージトで、以下コマンドを実行します。

```
sudo apt-get install -y docker.io
```

[2] 上記コマンド実行後、正常にインストールできているかを確認するため、以下のコマンドを実行します。

```
sudo docker run -I -t ubuntu /bin/bash
```

[3] Dockerのバージョンを確認します。

```
sudo docker version
```

■ Linux系OSへのインストール（RHEL7の場合）

次に「Red Hat Enterprise 7」へのインストール方法を解説します。

【手順】RHEL7へのインストール

[1] 「sudo」で実行します。

```
sudo yum install docker
```

ただし、「RHEL」を仮想化ホストとして使う場合、先に「Subscription Manager」を使い、「サブスクライブ」(署名)する必要があります。
「サブスクライブ」の例として、「extraチャンネル」を有効化する方法を記載します。

[2] 「extraチャンネル」を有効化します。

```
sudo subscription-manager repos -enable=rhel-7-server-extras-rpms
```

[3] リブートします。

```
reboot
```

第3章　Dockerの構築

■ Windowsへのインストール

Windowsへのインストールには、前述した「boot2Docker」を使います。

【手順】インストーラのダウンロード

[1] 「GitHub」のサイトを行きます。

https://github.com/boot2docker/

[2] 「GitHub」から「windows-installer」をダウンロードします。

https://github.com/boot2docker/windows-installer/releases

最新のバージョンのインストーラをダウンロード後、インストーラを実行します。以下は、最新バージョンの画面になります[※4]。

※4　今後のバージョン次第で、操作方法が変わる可能性はあります。

[3-1] Dockerのインストール

【手順】Windowsへのインストール

[1] 下記の起動画面で、「Next」をクリックします。

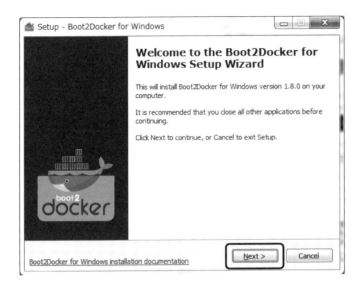

[2] インストール先のフォルダを指定後、「Next」をクリックします。

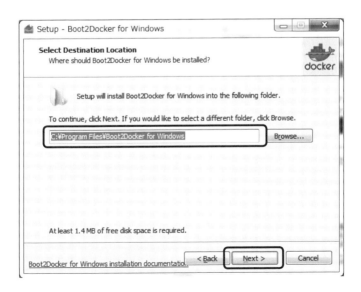

[3] インストールするコンポーネントを選択後、「Next」をクリックします。

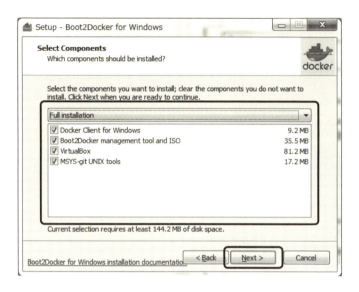

[4] ショートカットの場所を選択し、「Next」をクリックします。

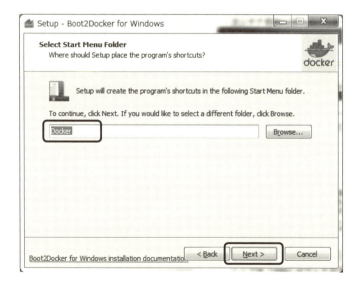

[3-1] Dockerのインストール

[5] デスクトップへのアイコン作成の有無や、パスの変更有無などのタスクを決定後、「Next」をクリックします。

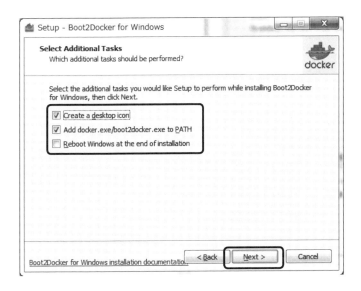

[6] 画面に表示されるインストール内容に問題がなければ、「Install」をクリックします。

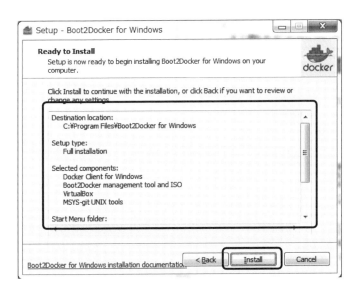

第3章　Dockerの構築

[7] しばらくすると下記画面が表示されるので、「Finish」をクリックします[※5]。

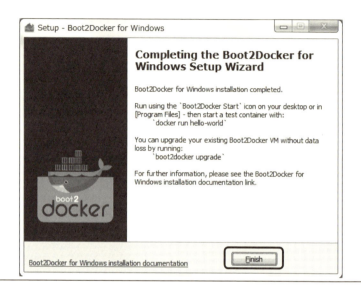

「Git GUI」というアプリケーションを開き、下記画面が表示されれば成功です。

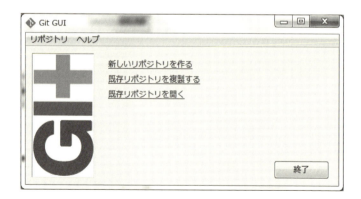

※5　同時にVirtualBoxもインストールされるので、各種モジュールのインストール有無を聞かれることもあります。

3-2 「Dockerコンテナ」の構築

ここではアプリケーションなしの状況での、Dockerインストールを実行してみます。

■「Dockerコンテナ」の立ち上げ

コンテナ起動に使うコマンドは「docker run」です。

```
docker run
```

よく使われる「docker run」コマンドの例として、echoによる「hello world」の表示があるので、それを表示してみましょう。

```
sudo docker run <イメージ名> /bin/echo 'Hello world'
```

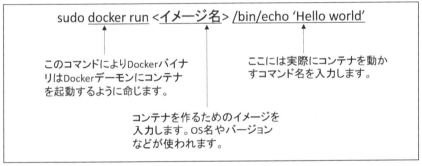

図 3-1　docker runの詳細

■ runコマンドの詳細

ここでは「run」コマンドのオプションを解説します。
よく使われるオプションは、以下のとおりです。

《インタラクティブモード》

オプション「i」を使います。双方向通信を許可します。

```
sudo docker run -i
```

第3章　Dockerの構築

また、「t」オプションを使うと、「ターミナル・セッション」が可能になります。

```
sudo docker run -t
```

《Dockerの「デーモン化」》

オプション「d」を付けると、Dockerの「デーモン[※6]化」が可能になります。

```
sudo docker run -d
```

■「Dockerクライアント」のセットアップ

ここでは「Dockerクライアント」のセットアップ方法を解説します。例として、「遠隔」で「Dockerサーバ」を操作してみます。

第2章で説明したように、内部では「Dockerクライアント⇔Dockerサーバ」間でソケット通信を行ない、外部では「REST API」を使います。
この「REST API」を使い、「コンテナ情報の収集」と「コマンドの実行」を行ないます。

【手順】「遠隔」で「Dockerサーバ」を操作できるようにする

[1] まずは「Dockerサーバ」上で、「stop」コマンドを使い、「Dockerのサービス」を停止します。

```
sudo service docker.io stop
```

[2] オプション「H」で、『Dockerのデフォルトポートである「5000」を使って解放したいアドレス』を指定し、Dockerのサービスを開始します。

```
docker -H tcp://<解放したいアドレス>:5000 -H <ソケットのURL>
```

※6　Linuxなどで、バックグラウンドで動くサービス群。詳しくは後述。

[3-2]「Dockerコンテナ」の構築

[3] 次に、「Dockerクライアント」上で、「Dockerサーバ」から「稼働している
コンテナリスト」を入手します。
そして「Dockerサーバ」が稼働するホストの「IP」を入れ替えます。この方法
で、サーバのコマンドのすべてが使えるようになります。

```
docker -H tcp://<アドレス>:5000 ps
```

[4] 次に双方向通信できるコンテナを作ります。
```
docker -H <アドレス>:5000 run -it <コンテナ名>
```

これで、「遠隔」で「Dockerサーバ」を操作できるようになりました。

MEMO

3-3　Dockerのコマンド

ここでは、Dockerで使うコマンドを解説します。

　Dockerで使うコマンドは、「Linux/Unix」と考え方は同じなので、たとえば「Help」を使ったオプションの参照方法などは、「Linux/Unix」と同一です。

＊

　まず「Docker」で使うコマンドを以下に列挙します。
　五十音順で記載するので、リファレンスとしても活用ください[7]。

■ Dockerコマンド一覧

《attachコマンド》

　稼働しているDockerコンテナに接続するときに使います。
　そのときは「DockerコンテナID」か「Dockerコンテナ名」を指定します。

```
docker attach  <コンテナ名>
```

《commitコマンド》

　「新規Dockerイメージ」に「ファイル・システム」を作ります。

```
docker commit [OPTIONS] CONTAINER [REPOSITORY[:TAG]]
```

《cpコマンド》

　「ファイル」または「フォルダ」をコピーします。

```
Docker cp
```

《daemonコマンド》

　前章で解説したDockerデーモンを稼働させるコマンドです。

```
docker daemon
```

---

[7] runコマンドについては前述しています。

[3-3] Dockerのコマンド

《diffコマンド》
基礎となる「Dockerイメージ」と「Dockerコンテナ」の違いを表示します。
`docker diff`

《imageコマンド》
「リポジトリ」や「タグ」などの、システム上のすべてのイメージの「リスト」を表示します。
`docker images [option]<イメージ名>`

《inspectコマンド》
「Dockerコンテナ」や「Dockerイメージ」の詳細情報を「JSON array」を使って結果を返します。
`docker inspect <コンテナ名 or イメージ名>`

《infoコマンド》
「実行ドライバ」「ストレージ・ドライバ」などの「Dockerデーモン」の設定を表示するコマンドです。
`docker info [option]`

《killコマンド》
プロセスに「SIGTERMシグナル」を送って、「Dockerコンテナ」を終了させます。
`docker kill`

《logsコマンド》
「Dockerコンテナ」のログを表示します。
`docker logs`

《portコマンド》
「解放されているポート」を一覧で表示します。
`docker port container private_port`

第3章 Dockerの構築

《psコマンド》

デフォルトで稼働している「Dockerコンテナ」を一覧で表示します

`docker ps [option]`

《pullコマンド》

「Dockerリポジトリ」から「Dockerイメージ」を取得する際に使います。

`docker pull [Option]`

《restartコマンド》

すでに稼働している「Dockerコンテナ」を再起動します。

`docker restart`

《rmコマンド》

「Dockerコンテナ」を削除します。

`docker rm [option] <コンテナ名>`

《runコマンド》

新規で作った「Dockerコンテナ」を稼働する際に使います。Dockerの根幹となるコマンドです。

`docker run [OPTION] IMAGE [command] [arg]`

《searchコマンド》

「Dockerイメージ」を「Docker Hub」から検索する際に使います。

`docker search [option] <用語など>`

《startコマンド》

既存の「Dockerコンテナ」を起動します。

`docker start [option] <コンテナ名>`

[3-3] Dockerのコマンド

《stop コマンド》

既存の「Dockerコンテナ」を、「SIGTERMシグナル」を送った後に、しばらくしてから「SIGKILLシグナル」を送り、停止します[※8]。

```
docker stop
```

《top コマンド》

稼働している「Dockerコンテナ」のプロセスを表示します。

```
docker top
```

《version コマンド》

「バージョン情報」を表示するコマンドです。下記コマンドでバージョン一覧が表示されます。

```
docker version
```

MEMO

[※8]「SIGTERM」と「SIGKILL」はUnixのシグナルです。

3-4　Dockerネットワーク

　作られたコンテナは、どのようにネットワークを構築するのでしょうか。ここでは「Dockerコンテナ」の「ネットワーク構築方法」を解説します。

■ 仮想インターフェイス

　「Dockerコンテナ」が作られると、同時に「Docker0」という「仮想インターフェイス」が作られます。

　「Docker」は、他のコンテナに割り当てられていない「IPアドレス」を「プール[9]」から抽出し、「Docker0」に割り当てます。

　デフォルトの「Dockerコンテナ」に割り当てられている「CIDR[10]」は「172.17.43.1/16」です。

■ 「Docker0」とは

　「Docker0」は、「仮想イーサネット・ブリッジ」として、パケットの送受信を行ないます。
　この機能により、「ホスト」や「他コンテナ」との双方向通信が可能になります。

　いったんコンテナが作られると、「peer」というインターフェイスの一部が作られます。これはパケットの「つなぎ役」になります。
　この「peer」インターフェイスは、「eth0[11]」および「veth[12]」の役割をもちます。
　たとえば、片方にパケットを送った場合、そのパケットは、もう片方のインターフェイスに到着します。

※9　一括で格納されている場所のこと。
※10　IPアドレスの割り当て技術。
※11　一番目のイーサネット(ネットワークカード)の名前。
※12　Virtualイーサネットの略。

[3-4] Dockerネットワーク

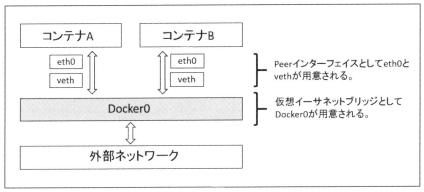

図3-2 docker0の構造

■ ネットワークの「オプション」

「Docker」でネットワークを設定する際に、利用できる「オプション」を解説します。

コマンド自体は、「Dockerサーバ」が開始されるときのみ利用可能です[※13]。

《-b BRIDGE》

「Dockerブリッジ」を指定したい場合に使います。

《--bip=CIDR》

「Docker」に割り当てられている「CIDR」の「デフォルト値」を変更したい場合に使います。

《--fixed-cider=CIDR》

「Docker0」のサブネットから「IPアドレス」を制限するときに使います。

《-H SOCKET》

「Dockerデーモン」が「どこからコマンドを受け取るか」を指定するときに使います。

※13 「Dockerのサービス」が稼働中のときは、コマンドは利用できません。

第3章 Dockerの構築

《--ip=IP_ADDRESS》

「Docker」の「bind[※14]」(バインド)のアドレスを設定するときに使います。

■ DNS技術

「DNS」の設定には、4つのオプションが存在します。

《-h HOSTNAME》

ホスト名の設定に使います。ホスト名は「/etc/hostname」に書かれます。ホスト名をコンテナ外から参照することは不可能です。

《--link=CONTAINER_NAME:ALIAS》

コンテナにおけるリンク用の名前を設定することができます。IPアドレスと連携します。

《--dns=IP_ADDRESS》

下記ファイル内にサーバを設定させます。

`/etc.resolv.conf`

《--dns-search=DOMAIN》

DNS検索ドメインを設定します。

■ 外部環境通信

「Dockerコンテナ」が外部環境と通信する場合は、IPを転送するための「パラメータ」に留意する必要があります。

《--ip-forward=true》

この「パラメータ」は、デフォルトでは「true」に設定されています。

※14 ホストとIPを紐づけるという意味。

[3-4] Dockerネットワーク

また、「ip_forward parameter」は「1」に設定する必要があります。

```
$ cat /proc/sys/net/ipv4/ip_forward
1
```

■ ブリッジの構築

ブリッジを構築する方法を解説します。

【手順】ブリッジの構築

[1]「Dockerホスト」が稼働中の場合は、下記コマンドによって停止させます。
```
sudo service docker.io stop
sudo ip link set dev docker0 down
sudo brctl delbr docker0
```

[2]「新規ブリッジ」を作るコマンドは以下のとおりです。
```
sudo brctl addbr bridge0
sudo ip addr add 192.168.5.1/24 dev bridge0
sudo ip link set dev bridge0 up
```

[3] ブリッジが正常に稼働しているか知りたい場合は、以下のコマンドを使います。
```
ip addr show bridge0
```

[4] この新規ブリッジを「Docker」のデフォルトに追加します。
```
echo 'Docker_OPTS="-b=bridge0"' >> /etc/default/docker
```

[5]「Dockerサービス」を起動します。
```
sudo service docker.io start
```

第3章　Dockerの構築

3-5　Dockerのセキュリティ技術

　ここでは「Docker」がもつセキュリティ技術を解説していきます。これは同時に「Linuxコンテナ」のセキュリティの解説も意味します。

＊

　第1章で「Cgroup」と「Namespace」を解説しましたが、「Docker」では「lxc-start」を実行すれば、「Cgroup」と「Namespace」の設定が行なわれます。

＊

　ここでは「Dockerデーモン」のセキュリティについて解説します。

■ Dockerデーモンのセキュリティ

　「Dockerデーモン」のセキュリティで気をつける点は、以下です。

《Dockerデーモン管理》

　「Dockerデーモン」の管理は、「特権ユーザー」のみが可能にする必要があります。

《クロスサイト・スクリプティング・アタック》

　「REST API」が「クロスサイト・スクリプティング・アタック」を防げるか、確認する必要があります。

《VPN》

　適時「VPN」を使った「REST API」通信ができるようにします。

《サーバ分離》

　すべての「サービス」から「Docker」を分離させて、稼働する必要があります。

《プロセス》

　「通常ユーザー」のために、常に高セキュリティ・レベルを用意します。

3-6 Dockerのリソース管理

「Dockerコンテナ」の「リソース管理」と「構築方法」を解説します。

■ CPUの設定

「Dockerコンテナ」の「CPU」のコントロールは、「run」コマンドの「-c」オプションを使います。

```
# docker run -c <数値> -it <OS名> <パス>
```

「数値」は任意です。これは、下記コマンドで確認できます。

```
# cat /sys/fs/cgroup/cpu/docker/cpu.shares
```

ちなみに、コンテナがすでに稼働しているときにも、CPUの設定は可能です。

その場合は、下記ファイルに書き込みます。

```
/sys/fs/cgroup/cpu/docker/<container-id>cpu.shares
```

■ メモリの設定

「コンテナ」が使うメモリの量は、コンテナを開始するときに設定できます。

下記コマンドを使います。

```
# docker run -m <数値> <b or k or m or g>
```

ここでの「b,k,m,g」は「bytes, kilobytes, megabytes, gigabytes」を意味しています。

また、下記コマンドで、「メモリ設定値」を確認できます。

```
# cat /sys/fs/cgroup/memory/docker/memory.limit_in_bytes***
```

3-7　Dockerのストレージ管理

前述したように、「Docker」のデフォルトのストレージ・ドライバは、「Aufs」か「Device Mapper」です。

「Aufs」は、ディスク割り当てがサポートされていないので、ディスク割り当てが必要な場合は、「Device Mapper」を選択します。

ここでは、「Device Mapper」でストレージ管理する方法を解説します。

■ Device Mapperでストレージ管理

「Device Mapper」は、第1章で解説したとおり、「COWスナップショット」を使います。

「Device Mapper」専用の「シン・プロビジョニング・モジュール[15]」を、実行レイヤーで使います。

＊

そして「Device Mapper」は、ハイレベルな「仮想デバイス」のブロックに、「ブロック・デバイス」を「マップする」ための「Linuxカーネルフレームワーク」です。

「Device Mapper」は、2つの「ブロック・デバイス」(仮想ディスク)を基にして、「ストレージ・ブロック」の「シン・プール[16]」を作成します。

「データ用」と「他のメタデータ[17]用」です。

第1章で説明したとおり、デフォルトでは、これらの「ブロック・デバイス」は、「ループバック・デバイス[18]」として、「スパースファイル[19]」をマウントすることで作られます。

　※15　ここでは柔軟に容量を変更できるツールと理解してください。
　※16　シン・プロビジョニング時の空き領域の総称。実際に書き込みをし、使用する時のみ見えるので、この呼び名となった。
　※17　より抽象的なデータの総称。
　※18　ループバックデバイス(loopback device)‥‥通常のファイルを、ブロックデバイスとして扱う技術。

[3-7] Dockerのストレージ管理

■ Device Mapperの構築

Device Mapperを構築するにあたり、利用できるオプションや設定はさまざまです。

ここでは代表的なものを取り扱います。

● Device Mapperのオプション

《dm.thinpooldev》

以前は「dm.datadev」と呼ばれていたものです。

シン・プール用に「カスタムブロック・デバイス」を指定します。

```
# docker -d -s devicemapper -storage-opt dm.datadev <パス>
```

《dm.fs》

基本デバイスを使う「ファイル・システム」です。

「ext4[※20]」と「XFS」がサポートされています。

通常は「ext4」がデフォルトとなります。

```
# docker -d -s devicemapper -storage-opt dm.fs=<ファイル・システム>
```

《dm.basesize》

「コンテナ」や「イメージ」によって使われる、基本的なデバイスのサイズを決定します。

デフォルト値は「10GB」です。デバイスは空データ(スパース)で作られるので、最初から10GBをフルに使われるわけではありません。

そして、そのデバイスに10GBまで達するまで書き込まれます。

```
# docker -d -s devicemapper -storage-opt dm.basesize=<数値>
```

[※19] スパース・ファイル(sparse file)…データ間がほぼ空(から)となるファイルです。つまり、見た目は大きい容量で設定されていても、実際の中身は数バイトのみですが、外部からは、大容量ファイルとして見えます。

[※20] Linuxのファイル・システムの1つ。

第3章 Dockerの構築

《dm.loopdatasize》

「シン・プール」のサイズを決定します。

デフォルトでは「100GB」に設定されています。このファイルも同じく、最初は空（スパース）なので、データが書き込まれるにつれて、サイズが大きくなっていきます。

```
# docker -d -s devicemapper -storage-opt dm.loopdatasize=<数値>
```

《dm.loopmetadatasize》

これは前述した「ブロック・デバイス」のサイズを決定します。

デフォルトでは「2GB」に設定されています。そしてこのファイルも、最初は空（スパース）です。

```
# docker -d -s devicemapper -storage-opt dm.loopmetadatasize=<数値>
```

MEMO

【第4章】Kubernetes

この章では「Kubernetes」の概要と、「オーケストレーション」「サービス・ディスカバリ」の概要を解説していきます。

4-1 「オーケストレーション」と「サービス・ディスカバリ」

ここでは「オーケストレーション」と「サービス・ディスカバリ」について解説します。

■「オーケストレーション」とは

システム関連で「オーケストレーション」とは、「システムの構築」「展開」「バックアップ」「リストア」「冗長化」などを、限りなく「自動実行」に近づける仕組みのことです。

そして「Docker」における「オーケストレーション」は、複数の「コンテナ」と「アプリケーション」が稼働する「分散環境」の管理と構築、という意味で使われます。

「オーケストレーション」のツールには、以下のものが存在します。

・Kubernetes
・Swarm
・MESOS

■「サービス・ディスカバリ」とは

「サービス・ディスカバリ」とは、「Dockerクライアント」と「Dockerサーバ」間のための「コミュニケーション・ツール」であり、「ソリューション」です。

「サービス・ディスカバリ」は、複数の「コンテナ」が起動されている環境において、「どのTCP/UDPポートが使われているか」「どのような名前のプロセスが接続されているか」——などを「Dockerホスト」に教えます。

第4章 Kubernetes

*

　そして、「サービス・ディスカバリ」を語るうえで欠かせない考え方に「マイクロサービス・アーキテクチャ」と「SOA」(Service Oriented Architecture)があります。

　「マイクロサービス」とは、個々のアプリケーションの「コンポーネント」を「サービス」として分割し、開発する方法の総称です。
　「SOA」とは、通常であれば連携不可能なアプリケーション・システムのデータを、連携基盤を導入することによって連携させる方法です(詳細は第9章で解説します)。

*

　「サービス・ディスカバリ」は、「マイクロサービス」の考え方を踏襲しています。
　現在の大規模環境において、アプリケーションは、失敗を前提として開発されています。
　なので、複数の「Web/AP/DB」サーバ(インスタンス)が稼働し、APIを使って、お互いに通信し合います。
　開発が失敗し、新たなインスタンスが立ち上げるときには、今までの情報を他のコンポーネントに伝える仕組みが必要です。
　これがサービス・ディスカバリの基本的な技術であり、代表的なツールに「Consul」(コンソール)があります。

*

　「マイクロサービス」と「Consul」の詳細については、後述します。
　この章では「Kubernetes」の詳細を解説します。

4-2 オーケストレーション・ツール「Kubernetes」

「オーケストレーション」としての最も有名なツールは「Kubernetes」(クーバネイティス)です。

■ Kubernetesとは

「Kubernetes」とは、Googleによって開発された「クラスタの管理、展開」「スケーリングとコンテナ化されたアプリケーションを管理」するオープンソース・ツールです。

「Kubernetes」の概要を列挙します。

- 複数のノードを1つとして見せることが可能。このことにより巨大なPCのように取り扱うことが可能[※1]。
- 「Docker Hub」または「自身のPaaS環境」に、コンテナ化したアプリケーションを展開できる。
- 「宣言型[※2]」手法の使用。
- アプリケーションが「Kubernetesクラスタ」上で展開されるとき、「Kubernetes」のマスター・サーバ[※3]は、ホストとなるアプリケーションを決定する。
- 「Kubernetes」は「スケジュール機能」を搭載していて、それでアプリケーションの「ジョブ」を実行する。
- その他にも「自己修復機能」「リスタート機能」「レプリケーション機能」「リスケジューリング機能」などを提供する。

■ 「Kubernetes」の作成

「Kubernetes」は、デスクトップPCからクラウド上にまで、またがって稼働することが可能です。

*

※1 個々のノードを取り除くことによる、コンピュータリソースの最適化。
※2 宣言型プログラミングのこと。対比後は手続型プログラミング
※3 Kubernetsの主要コンポーネント。

第4章　Kubernetes

「Kubernetes」の「コンポーネント」には、以下の2つがあります。
① マスター・サーバ
② ミニオン・サーバ

まずこれらの概要を図示します。

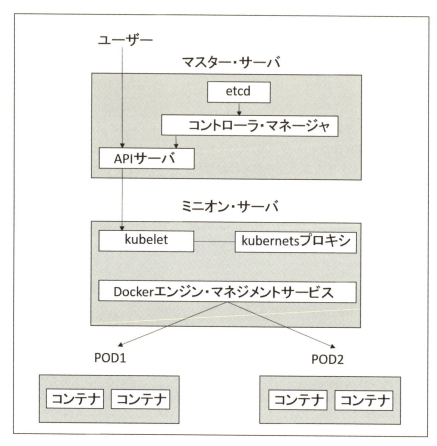

図 4-1　マスター・サーバとミニオン・サーバのアーキテクチャ

それでは、これら2つを解説していきましょう。

4-3 Kubernetesの「マスター・サーバ」

「マスター・サーバ」は、「Kubernetes」のユニットをコントロールします。

■「マスター・サーバ」とは

「マスター・サーバ」は、「クラスタ」上でアプリケーションを展開する、ユーザー用の主要な「管理コンポーネント」として動きます。

「スケジューリング」や「通信の管理コンポーネント」などで形成されています。

■「マスター・サーバ」のサービス

主なサービスは、以下の通りです。

● etcd

「etcd」は、CoreOSの開発チームが開発した、(クラスタにおいて複数のノード上ですぐに利用可能な)分散型「キー・バリュー・ストア」です(第6章で詳しく解説)。

*

「etcd」は、「Kubernetes」がクラスタ上のノードの設定データを保存するときに使います。

すべての「マスター」の状態は、「Kubernetesマスター」上に置かれている「etcdインスタンス」に保存されます。

そこには、すべての「設定データ」が保存されます。

「クラスタ」において変更されるすべてを「etcd」に通知することで、コンポーネントを監視します。

*

「etcd」は、ノードのためのリトライ値用「HTTP API's」[4]を使って、クエリする[5]ことが可能です。

※4 WEBサーバを作成するためのAPI。
※5 照会のこと。

第4章　Kubernetes

● APIサーバ

「APIサーバ」はマスター・サーバにおける重要なサービスです。

「マスター・サーバ」に関係するユーザー用の「中央ハブ」として稼働します。

すべての「APIサーバ」の通信は、「RESTful API's[6]」を通して実行するので、「Kubernetes」と対話する他の「ツール」と「ライブラリ」を統合できます。

現在使われているKubernetesを操作するツールには、「Kubectl」があります。これは「kubecfg」の後継となります。サーバツールにバンドルされているため、マスター・サーバと対話するリモートマシンから使えます。

● コントローラ・マネージャ

「コントローラ・マネージャ」は、「コンテナ・レプリケーション[7]」用の実行コンポーネントです。

ユーザーが「レプリケーション」のリクエストを出すと、オペレーションの詳細を「etcd」に書き込みます。

「コントローラ・マネージャ」は、常に「etcd」をチェックしています。

「etcd」で「レプリケーション・リクエスト」が見つかれば、リクエストされている特定の単位で、コンテナの「レプリケーション」を始めます。

＊

※6　前述のRest APIと同一。
※7　コンテナを別のコンテナに複製して同期する機能のこと。

[4-3] Kubernetesの「マスター・サーバ」

　「リクエスト」では、「コンテナ」を「スケールアップ」または「スケールダウン」させることが可能です。

　「レプリケーション」中に、もし特定のコンテナの数が、稼働しているコンテナより少ない場合には、「Kubernetes」は「レプリケーション・マネージャ」によって特定される「コンディション」を見て、過剰に稼働しているコンテナを破壊します。

● スケジューラ
　「スケジューラ」は、「クラスタ」を特定ホストの「ワークロード[※8]」に割り当てます。

　「スケジューラ」は、コンテナ用の「オペレーティング要件」を読み込み、受け付けホスト上に「コンテナ」を設置するために、「クラスタ」を解析します。
　「クラスタ」において「特定ノード」で利用できるリソースを知らせ、個々の「コンテナ」で使われるリソースを追跡します。

```
MEMO
```

※8　ITシステムなどに対する作業負荷。

第4章 Kubernetes

4-4 Kubernetesの「ミニオン・サーバ」

Kubernetesクラスタにおける「ワーカーノード」は、「ミニオン」と呼ばれます。

■「ミニオン・サーバ」とは

個々の「ミニオン・サーバ」は、前節の「マスター」と一緒に通信し、それに割り当てられる「ワークロード」を展開するために稼働する、ネットワーキング用の「サービス」と言えるでしょう。

■「ミニオン・サーバ」のサービス

「ミニオン・サーバ」と紐付けられるいくつかのサービスを見てみましょう。

● Dockerデーモン

各ミニオン・サーバは、「Dockerデーモン」のインスタンスを稼働します。「Dockerデーモン」は、ホスト上で「サブネット」を分割して設定します。

● Kubeletサービス

「ミニオン」は、「Kubelet[9]」を使う「マスター・サーバ」に接続します。
「Kubernetes」の「マスター・サーバ」と、設定を回収および保持する「etcd」との双方向で、通信の連携を担保します。

*

あらゆる展開作業の情報は、「マニフェスト形式[10]」で「ミニオン」が受け取ります。
「マニフェスト」には、コンテナ展開用のルールが含まれます。

※9 「Kubelet」は必要な「コマンド」と「展開作業の情報」を得るために、「マスターサーバ」と通信するツール。
※10 ファイルのひとつであり、コマンド形式で使う。

[4-4] Kubernetesの「ミニオン・サーバ」

いったん「マニフェスト」が受け取られると、「Kubelet」はマニフェスト・ファイルに設定されているコンテナ状態を維持します。

● **Kubernetesプロキシ**

ホスト上で稼働するすべての「サービス」は、同時に他のホストで稼働する「サービス」にも利用されます。

ホストを横断する「サブネット」と通信するため、「Kubernetes」はすべてのミニオン上で「プロキシ・サーバ」を稼働します。

「プロキシ・サーバ」の主な役割は、「ネットワーク環境の分離」と「他のサービスにコンテナを近づける」ことです。

「プロキシ・サーバ」は、「クラスタ」において、同一または異なるホストで、各々のコンテナに「トラフィック」を直付けします。

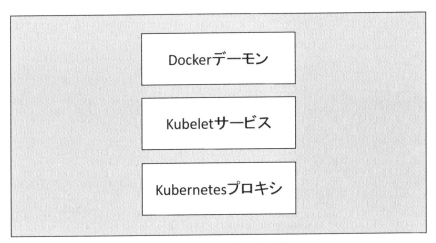

図 4-2　ミニオン・サーバの構造

4-5 Kubernetesの「ワークユニット」

「Kubernetes」クラスタ上で展開するコンテナに紐づけられる「ワークユニット」には、さまざまな種類があります。

■ ワークユニットの種類

以下で、各「ワークユニット」を解説します。

● **Pods**

「Pods」は、同一ホスト上で展開される「コンテナ」に関連する「グループ」です。

「Pods」では、複数のコンテナを「単一のアプリケーション」として処理します。

たとえば、「Webサーバ」の一群は、「Pods」でグループ化することが可能です。「Pods」は同一環境をシェアし、ユニットとして処理されます。

「Pods」でグループ化したアプリケーションは、「ボリューム」と「IPスペース」を共有することが可能です。

そして、「単一ユニット」として分散されます。

● **サービス**

「サービス」は、「Kubernetesクラスタ」で稼働するアプリケーションに、「ディスカバリ機能[※11]」を提供します。

＊

「サービス」は、「インターフェイス」として「コンテナ・グループ」に作用します。

そして「サービス」を使えば、後方の「サービス」すべてを認識する「サービス・ユニット」を作ることができます。

その場合は、アプリケーション用の「単一アクセス・ポイント」になります。

※11 どのようなサービスが動作しているかの情報を収集する機能。 たとえば、すべての「Webサーバ・コンテナ」は、「単一アクセス・ポイント」を使って「アプリケーション・コンテナ」にアクセス可能になります。

[4-5] Kubernetesの「ワークユニット」

　この「メカニズム」によって、同一の「アクセス・ポイント」のまま、「アプリケーション・コンテナ」の「スケールアップ」と「スケールダウン」ができます。

● レプリケーション・コントローラ

　均等に分散されなければならないすべての「Pods」は、「レプリケーション・コントローラ」で定義します。

　「Pods」は、「テンプレート」で定義されます。

　この「テンプレート」は、レプリケーション・プロセス用のすべての定義を保持します。このテンプレートによって、たとえばコンテナ失敗時に他のコンテナを作成するかの判断を定義します。

● ラベル

　「ラベル」は、「Pods」の認証ファクタであり、基本的な「タグ」です。
　これは、「etcd」に「キー・バリュー」として、保存されます。

　「ラベル」のセレクタは、「サービス」と「レプリケーション」に使われます。
　グループ（バックエンドのサーバ）を見つけると、Podsのラベルを付けることができます。

MEMO

【第5章】Consul

この章では「Consul」(コンサル)の「概要」と「構築方法」について解説していきます。

5-1 「Consul」とは

「Consul」(コンサル)は、「クラウド・インフラ」における「コンフィグレーション・サービス」を提供します。

「サービス・ディスカバリ」と「SOA」(第9章で解説)の技術を組み合わせたようなツールと考えてください。

■「Consul」の機能

主に下記の機能を提供します。

● サービス・ディスカバリ機能

前述した「サービス・ディスカバリ機能」である、『どのTCP/UDPポートが使われているか、どのような名前のプロセスが接続されているか』などを、「Consulクライアント」が稼働している「ノード[※1]」で知らせます。

● ヘルス・チェック機能

さまざまなパラメータを基に、「ヘルス・チェック機能」を提供します。
そのパラメータには、「httpステータスコード[※2]」を使います。

※1 ここでは「Consulクライアント」が搭載されているサーバ全般のこと。
※2 Webサーバから返ってくる3ケタのコード。

第5章 Consul

● キー・バリュー・ストア

「Consul」は、独自の「キー・バリュー・ストア[※3]」をもっています。
「リーダーエレクション[※4]」「コーディネーション[※5]」「フラッギング[※6]」などが使用可能です。

● マルチ・データ・センター機能

複数の「データ・センター」上で「Consul」を稼働できます。

5-2 「Consul」のアーキテクチャ

「Consul」は「HA[※7]」システムを提供します。
最初に、「Consul」の「アーキテクチャ」を学ぶ上で、欠かせない用語を解説します。

■「Consul」アーキテクチャの用語

● Consulエージェント

「Consulエージェント」は、サービスを提供する「ノード」ごとに稼働します。サービスを使う側の「ノード」には、「Consulエージェント」は必要ありません。

*

「Consulエージェント」は、ノードおよびノードで稼働しているサービスのためにヘルス・チェックを実行します。
すべての「Consulエージェント」は、「Consulサーバ」と対話します。この「Consulサーバ」は、サーバ間ですべてのデータが保存され複製されています。

※3 データの保存・管理方法。
※4 分散コンピューティングにおける分散タスクを取りまとめる役割。
※5 分散アプリの調整機能。
※6 フラグ機能。
※7 「High-Availability」の略で高可用性という意味。

[5-2]「Consul」のアーキテクチャ

　「Consulサーバ」との通信も重要な機能のひとつです。
　他のサーバへのサービスの「保存」、および「複製」のやり取りデータを「サーバ間」で対話します。

● Consulクライアント

　「Consulクライアント」の役割は、すべての「RPC[※8]」(リモート・プロシージャ・コール)を「Consulサーバ」へ転送することです。

● 「Consulサーバ」と「クラスタ」

　「Consulサーバ」の役割は、「Raft quorum[※9]への参加」「クラスタの維持管理」「RPCクエリの対応」「他データ・センターでのWAN Gossip[※10]の交換」「クエリをリーダーサーバ[※11]や他データ・センターへ転送する」──ことです。

　「Consulサーバ」は、「クラスタ間」で自動的に決定されます。
　「クラスタ」は、1つでも複数でもサーバを決定することが可能ですが、複数でのサーバが理想とされます。
　「ノード」(サービス)が「Consulクラスタ」からサービスを発見したいときには、「クエリ」を使います。
　「DNS」や「httpのリクエスト」を使います。

● Gossip

　「Consul」は、「Serf」(シーフ)という「クラスタ・メンバーシップ[※12]」の分散化ソリューション上で構築します。

※8　「Remote Procedure Call」の略で、「クライアント/サーバ間」の「リクエスト/レスポンス」機能。
※9　Raftプロトコルを使うメンバ。
※10　WAN経由で使用するGossipプロトコル。
※11　ここでは中継サーバの意味。
※12　クラスタ上で稼働しているノードの集まり。

第5章　Consul

　「Serf」では、「メンバーシップ」「故障検出」「イベント通知」などの運用に、「Gossipプロトコル」を使います。

　「Gossipプロトコル」は「ランダム」な「ノード間」を通信するために、「UDP[※13]」が採用されています。

　「Consulクラスタ」上のすべてのサーバには、「Gossipプール」が使われていて、そこにすべてのノードが含まれています。

《LAN Gossip》

　同一LAN上または同一データ・センター上に設置されている、すべてのノードの「LAN Gossipプール」を参照します。

《WAN Gossip》

　サーバのみが含まれる「WAN gossipプール」を参照します。

　これらのサーバは、まず種々のデータ・センターに設置され、WANやインターネットで通信します。

■ アーキテクチャ概要

　ここでConsulの「アーキテクチャ概要」を下記に図示します。

　Consulにおける「クライアント」と「サーバ」の通信方法を、まずは「LAN内」で見ていきましょう。ここでは「LAN gossip」を使います。

※13　IPより上位のプロトコル。TCPと比較される。

[5-2]「Consul」のアーキテクチャ

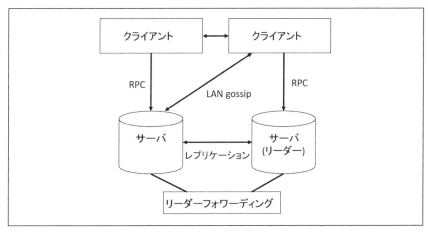

図 5-1　Consulアーキテクチャ①

次に、複数の「データ・センター」をまたいだ通信方法を見ていきます。ここでも「WAN gossip」を使います。

図5-1の環境が複数存在し、それを「WAN gossip」でつないでいる、というイメージが分かりやすいでしょうか。

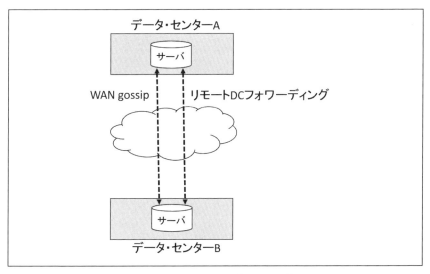

図 5-2　Consulアーキテクチャ②

5-3 Consulコマンド

ここではConsulコマンドを解説していきます。

Consulは、容易に使える「コマンドライン・インターフェイス」(CLI)をもっています。

■ 主なコマンド一覧

《agent》

これは「Consul」の核となるコマンドです。

「メンバーシップ情報」の「運用」「稼働チェック」「アナウンス・サービス[14]」「クエリ操作」など多岐に渡ります。

Agentは以下のコマンドでスタートします。

```
# consul agent -data-dir=/tmp/consul
```

《configtest》

これは「サニティ・チェック」という、「ソースコードが適格か」をチェックするためのコマンドです。「設定ファイル」上で行ないます。

```
# consul configtest [options]
```

《event》

これは「ユーザー・イベント」を「カスタム」に行なうためのコマンドです。

影響範囲は「データ・センター全体」に及びます。

これらのイベントによって、「自動展開用のスクリプト」「再起動サービス」「他のオーケストレーション機能の実行」などを行ないます。

```
# consul event [options][payload]
```

※14 エージェントに対しての、一斉同報のような機能。

[5-3] Consulコマンド

《exec》

「リモート機能」のコマンドです。

すべてのWeb系システムに作用する「update」コマンドの実行などに使います。

```
# consul exec [options] [-|command…]
```

《force-leave》

強制的に「Consulクラスタ」上で離脱状態にするためのコマンドです。

これは、あくまで「ノード」を強制的に「Fail」(不合格にする)ことを目的としています。

```
# consul force-leave  options node
```

《join》

「agent」に「既存クラスタ」への参加を命令するコマンドです。

「既存クラスタ」に新たに参入する「agent」は、最低1つの「クラスタ」の「メンバ」と連携が必要です。

```
# consul join  options address ...
```

《keygen》

「暗号化」のためのコマンドです。

「agent」の「トラフィック暗号化」に使われる暗号を生成します。

```
# consul keygen
```

《keyring》

「暗号化キー」の「調査」と「修正」をするためのコマンドです。

その「暗号化キー」は、「Gossipプール」で使われるものになります。

*

新規の「暗号化キー」を「クラスタ」に分配し、古い「暗号化キー」を廃棄します。

そして「メッセージ暗号化用」に、「クラスタ」で使うキーを変更します。

```
# consul keyring [options]
```

第5章　Consul

《leave》

「agent」の「シャットダウン」や速やかに離脱するためのコマンドです。

「速やかな離脱」とは「Fail」ではありません。要するに、他のノードが「agent」と「コンタクト」をとれる状態にしておくことが、このコマンドの目的となります。

リスタートすれば、「スナップショット」から、すぐに参加可能です。

```
# consul leave
```

《lock》

「ロック配信機能」を提供するコマンドです。

「ロック」は、「キー・バリュー・ストア」で与えられた「プレフィックス」で作られます。

```
# consul lock  options prefix child...
```

《maint》

「サービス」と「ノード」の両方のメンテナンスモードを提供するコマンドです。

「メンテナンス」状態にして、全体または単体のノードによって提供されたサービスにマークをつけます。

```
# consul maint [options]
```

《members》

「agent」で、現在の状態が把握できている「メンバのリスト」を抽出します。

```
# consul members [options]
```

《monitor》

稼働中の「agent」のログを表示するコマンドです。

現在のログを表示して、中断するまでログを出し続けます。

```
# consul monitor [options]
```

[5-3] Consulコマンド

《info》

オペレータにデバッグ用の各種情報を提供するためのコマンドです。

```
# consul info
```

代表的なキーは、以下になります。

・agent(agent情報)
・consul(Consulライブラリ情報)
・raft(Raft情報)
・self_lan(LAN gossipプール情報)
・serf_wan(WAN gossipプール情報)

《reload》

「agent」用に、設定ファイルをリロードするコマンドです。

```
# consul reload
```

《watch》

特定のデータの変更をチェックするためのコマンドです。

そのデータとは、「ノード・リスト」「サービス・メンバ」「キーバリュー」などです。

最新の値を見ることができます。

```
# consul watch options child...
```

第5章　Consul

5-4　Gossipプロトコル

ここでは前述したGossipをもう少し、掘り下げて解説していきます。
詳細は「Consul」と「Serf」のホームページを参照してください。

＊

「Gossipプロトコル」の大きな役割は、「メンバーシップ」の管理と「クラスタ」へのメッセージ配信です。
これらは、「Serfライブラリ」を使います。

■ Gossipプロトコルの特徴

「Serf」を使う「gossipプロトコル」は、「SWIM」(Scalable Weakly-consistent Infection-style Process Group Membership Protocol)という技術[15]を基盤にしています。

「Serf」は、①「既存クラスタ」への参加か、②「新規クラスタ」を開始して始めます。

①の「既存クラスタ」に「新規ノード」を作る場合は、最低1つ以上の「既存メンバ」のアドレスが与えられている必要があります。

②の「新規クラスタ」を始める場合は、「追加ノード」で参加したほうがよいでしょう。

■「SWIM」の特徴

「SWIM」を使うことで、これをほんの少し改良すれば、伝搬スピード（故障検出のスピード）が速くなり、またネットワーク負荷を軽減することが可能となります。

「Serf」と「SWIM」の違いは、以下の通りです。

---

[15] メンバシップの管理を行なうプロトコル。

[5-4] Gossipプロトコル

「Serf」は「TCP」上でフルに同期しますが、「SWIM」は「Gossip」上の「変化」のみを伝えます。

「Serf」は、「故障検出プロトコル[※16]」とは別の「Gossipレイヤー」をもっています。

「SWIM」は、「probe/ack[※17]」メッセージ上で、「Gossip」メッセージを持ち運ぶだけとなります。

*

「Serf」は、死んだノードの情報を含む、「完全な同期」を求められたときのために、「死んだノード」の状態も保持します。

それに対して「SWIM」は、死んだノードの情報は、ノードが死ぬと同時に削除します。そうすることで「クラスタ」の円滑な動きを助けます。

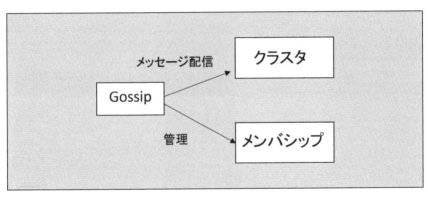

図5-3 「SWIM」の特徴

[※16] SWIMで使う故障検出機能。
[※17] 3-way-handshakeのackと同じようなもの。

第5章 Consul

5-5 「マルチ・データ・センター」機能

複数の「データ・センター」をサポートする機能は、「consul」の核となる機能です。

＊

「Consul」の「アーキテクチャ」は、高度な「分散化機能」をもっており、各「データ・センター」を独立させて、その結果が他のConsulに影響を与えないように稼働します。

専用の「サーバグループ」と「プライベートLAN gossi」のプールをもちます。

■ 主なコマンド

《wanコマンド》

既存の「WANノード」を調べるためのコマンドです。

```
# consul members -wan
```

これは、「WAN gossip」プール上のメンバーリストを表示します。
ただし、これには「クライアント・ノード」は含まれません。

《joinコマンド》

全サーバノードを「WAN gossip」のプールに参加させるには、以下のコマンドを使います。

```
# consul join -wan <server 1><server 2>…
```

ちなみにこのコマンドは、「WAN gossip」プールに参加させるという意味を含めて、「-wan」を付けています。

【第6章】
Core OS

この章では、「Core OS」の概要と構築方法について解説します。

6-1 「Core OS」とは

「Core OS」は、「Chrome OS」から派生した「重量級サーバ」(Massive Server)のためのLinux系OSで、「コンテナ」と「高可用性クラスタ」の稼働を目的として設計されています。

「Core OS」を使えば、「データセンター環境」のような「WSC[※1]」を構築することができます。

■「Core OS」の特徴

「Core OS」の特徴を列挙します。

・「Chrome OS」のような機能

マシンのリブート時に、自動的に「最新パッチのアップデート」や「設定」を行なう「Chrome OS」のような機能をもっています。

・「キー・バリュー・ストア」と「サービス・ディスカバリ」

後述する「etcd」のような「キー・バリュー・ストア」や「サービス・ディスカバリ機能」を提供します。

・「Dockerコンテナ」との分離

このOSを使う場合、自分自身でアプリケーションを稼働するので、「Dockerコンテナ」をもつ必要があります。

ただし、自身で「パッケージ・マネージャ」をもつ必要はありません。

・Fleet

「Fleet」と呼ばれる「クラスタ・マネージメント・ツール」をもっています。

・簡単に「クラスタ環境」を構築

容易に「クラスタ環境」を構築できます。

※1 Warehouse Scale Computingの略で、複数台のコンテナをまとめた超大型のコンピュータ。

第6章　Core OS

■「rkt」とは

　「Core OS」で「Docker以外」のコンテナを使う場合は、「rkt」という「コンテナ・ランタイム」を使います。

図 6-1　基本的な「rkt」の構造

「Docker」と「rkt」を比較すると、以下のようになります。

---

①「Dockerエンジン」は、「モノリシック・アーキテクチャ[2]」的な「APIデーモン」として実装された「アプリケーション・コンテナ」の「ランタイム」です。

②「イメージの展開」や「監視機能」などは「Docker」も「rkt」もほぼ同じです。

③さらに「rkt」は、「appc[3]」によって指定された「ACIs[4]」をダウンロードし、稼働できます。

※2　モノリシックは「一枚岩」という意味で、この場合は一体型のシステムを指す。
※3　app container specificationの略で、標準的なコンテナの仕様。
※4　App Container Imagesの略で、appcの元になるフォーマット。

6-2 「Core OS」の「アーキテクチャ」

「Core OS」の「アーキテクチャ」には、以下の機能があります。

■ etcd

「etcd」は、「Core OS」においてコアとなる機能です。

《コンフィグレーション・ストアの配信》

「コンフィグレーション・ストア」(設定ストア)とは、設定エンジンによって使われるストレージで、前章で解説した「Consul」が該当します。

《ホストごとのすべてで稼働》

「etcd」は、「クラスタ」において、すべての「ホスト」で稼働します。

いったん「クラスタ」が立ち上がると、「etcdインスタンス」の1つが「マスター」となって、他ホスト」と一緒に「ログ」を共有します。

ちなみに、「マスター」が落ちた場合は、他の「etcdインスタンス」が「マスター」になります。

《「etcd」の書き込み》

「Core OS」で稼働するすべてのアプリケーションは、「etcd」を書き込むことが可能です。

これによってアプリケーション自体がサービスを発見できます。サービス情報は「etcd」によって拡散されるので、「etcdインターフェイスの接続」と「サービスのクエリ」が可能になります。

《Kubernetesとの連携》

前述の「Kubernetes」のような「クラスタ・マネージメント・ツール」と連携して使います。

第6章 Core OS

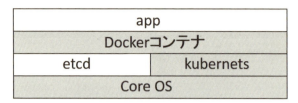

図 6-2 「etcd」の構造

● **etcdのコマンド**

「etcd」を始めるには、以下のコマンドを適用します。

```
# ./bin/etcd
```

「etcd」のバージョンを確認するには、以下のコマンドを適用します。

```
# curl -L <httpから始まる自IP>/version
```

■ Systemd

「システム・マネージメント・デーモン」です。

「スケジュール・ジョブ」の稼働などに使います。

「Journal」というログ・システムをもち、素早いブートが特徴です。

■ Units

これは「システム・ファイル」で、「ユニット・ファイル」のチェックも行ないます。

いったん「ユニット・ファイル」がクラスタ上で適用されれば、後は「変更できないオブジェクト」となります。

「ユニット」には、「スタンダード」と「グローバル」の2つが存在します。

《スタンダードユニット》

「単体マシン上」でスケジュールされる、「ロング・ランニング・プロセス」です。

マシンがオフラインの場合は、ユニットは新規のマシンに移行され、そこで開始します。

[6-2]「Core OS」の「アーキテクチャ」

《グローバルユニット》

クラスタ上のすべてのマシンで稼働します。

これは前述した「オーケストレーション・システム」との相性が非常に良い機能です。

■ Fleet

これは「クラスタ・マネージャ」であり、「スケジュール・ジョブ」としても稼働します。

複数のインスタンスを立ち上げたい場合、「Fleet」があれば、設定なしに「クラスタ上」で「インスタンス」を立ち上げることができます。

要するに、「Core OS専用のクラスタ・マネージメント・ツール」と理解してください。

そして、さまざまな追加機能を提供します。たとえば、マシン稼働が失敗したとき、サービスの再スケジュールなどをします。

● Fleetコマンド

「Fleetコマンド」は、主に「クラスタ上におけるユニットの表示」に使います。以下のコマンドが存在します。

《list-unit-files》

そのユニットが「スタンダード」か「グローバル」かの判別などに使います。

```
# fleetctl list-unit-files
```

《list-machines》

クラスタ上で稼働している全マシンを知りたいときに使います。

```
# fleetctl list-machines
```

《list-unit》

クラスタ上で活動しているマシンの状況を知りたい場合に使います。

```
# fleetctl list-unit
```

第6章　Core OS

以下に使用例を示します。

【list-unit-filesの例】
```
$ fleetctl list-unit-files
UNIT                    HASH    DSTATE    STATE    MACHINE
global-unit.service     ***     ***       ***      ***
standard-unit.service   ***     ***       ***      ***
```

【list-machinesの例】
```
$ fleetctl list-machines
MACHINE         IP      METADATA
***             ***     ***
```

【list-unit-filesの例】
```
$ fleetctl list-unit-files
UNIT                    MACHINE   ACTIVE   SUB
global-unit.service     ***       ***      ***
standard-unit.service   ***       ***      ***
```

■ Fleetd

「Fleet」の「デーモン」であり、「Fleet」の「クラスタ」ごとに稼働します。

「デーモン」は、それ自身で「エンジン」または「エージェント」としての機能をもちます。

《エンジン機能》

「クラスタ上」の「スケジューリング・ユニット」として存在します。

《エージェント機能》

ホスト上でのユニットの実行機能として存在します。

「etcd」にユニットの状態をレポートします。

[6-2]「Core OS」の「アーキテクチャ」

■ Fleetの構成

ここで「Fleet」について、さらに詳細に解説していきます。

*

Fleetには「engine」と「agent」という2つのコンポーネントが存在します。

「unit file」は、Fleetの基本となるユニットです。「サービス管理」の際に、「コマンド」と「サービス」を記述します。

基本的な「unit file」の中身の例を下記に示します。

[Unit]
```
Description=***
After=***
Requires=***

[Service]
EnvironmentFile=***
ExecStartPre=***
ExecStart=***
ExecStop=***
```

6-3 「Core OS」のクラウド展開

ここでは、「Core OS」が公式にサポートしている「クラウド・サービス」と「製品」について解説します。

■ 公式サポートの「クラウド・サービス」

公式にサポートしている「クラウドサービス・プロバイダ」は、以下になります。

- Azure
- DigitalOcean
- Amazon EC2
- Amazon EC2 Container Service
- Google Compute Engine
- Rackspace Cloud

■ 公式サポートの製品

公式にサポートされている製品は以下になります。

《公式サポート製品》
- OpenStack

《コミュニティサポート製品》
- Vagrant
- CloudStack
- Eucalyptus
- VMware
- Libvirt
- QEMU
- VirtualBox

6-4　「Docker」と「Core OS」

それでは、「Docker」で「Core OS」を使う方法を解説します。

■「Docker」で「Core OS」を使う

ここでは「Core OS」を搭載したマシン上で、いくつかのソフトを入れた「コンテナ」を立ち上げます。

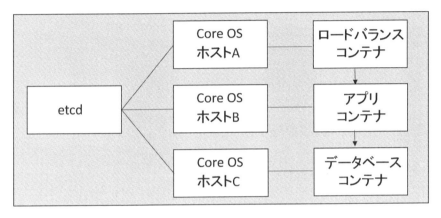

図6-3　Core OSクラスタ

通常では、「Core OS」は「Docker」を含む「Linuxコンテナ」で使います。以下が、その流れになります。

[1]「Core OS」が、搭載されたマシンに「Docker」をインストール。
[2] 各コンテナをWEBサーバやDBサーバなどの用途で構築。
[3] 各コンテナを「Fleet」で起動
[4] それらの「etcd」に読み込みおよび書き込むことにより、コンテナ同士を接続する。

Dockerコンテナ	Dockerコンテナ
etcd	Docker
Core OS	

図6-4　「Core OS」上の「Docker」

【第7章】 その他のDocker技術

この章では、ここまで解説してきたもの以外の「Docker技術」を解説します。

7-1 Docker API

ここでは「Docker API」について解説します。

■ 3つのAPI

まず、「Docker」の「エコシステム」には、3つのAPIが存在します。
そして、これら3つのAPIは「RESTful」でもあります。

《レジストリAPI》
　イメージを格納する「Dockerレジストリ」の統合機能。

《Docker Hub API》
　「Docker Hub」の統合機能。

《Docker remote API》
　「Dockerデーモン」の統合機能。「Dockerデーモン」によって提供されます。

■ Docker remote API

それでは「Docker API」の核となる技術「Docker remote API」と、それに関連する「Dockerデーモン技術」を説明します[1]。

※1　この書籍発行時点の最新バージョンは、v1.21です。

第7章　その他のDocker技術

「Docker remote API」は、「オープン・スキーマ・モデル[※2]」を使います。このモデルでは、「未知の受信メッセージ」のプロパティは無視されます。

「Docker remote API」は、「rcli[※3]」(remote command line interface)を使って操作します。

「Dockerデーモン」として稼働させる場合、デフォルトでは下記の「Unixソケット」を聞きにいきます。

```
unix:///var//run/docker.sock
```

「クライアント」が「デーモン」と対話するには、「root」で行なう必要があります。

＊

「API」は「REST」の傾向がありますが、「attach」や「pull」のような複雑なコマンドを使うため、HTTP接続は「stdout」「stdin」「stderr」のトランスポートがハイジャックされます。

クライアントの「API」が、デーモンのそれよりバージョンが新しい場合は、これらのコールによって、「HTTP400」(Bad Request error message)を返します。

「Docker」と名付けられたグループが存在する場合、「Docker」は「ソケットの所有権」を「グループ」に適用します。

[※2]　データベースの基本構造のこと。代表的なものとしてXMLなどがある。
[※3]　Linuxなどのコマンドベースの操作をリモート環境で行うこと。

[7-2] APIの操作 (Containers)

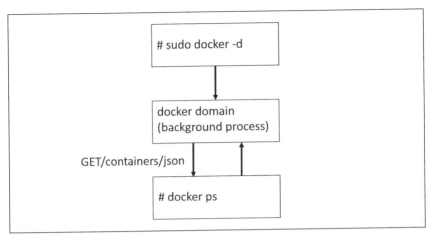

図 7-1　Dockerデーモンの構造

7-2　APIの操作 (Containers)

ここでは実際の「コンテナAPI」の操作を、「GET」「POST」「DELETE」「PUT」「HEAD」を使って解説します。

■「コンテナAPI」の操作コマンド一覧

《Listing containers》

Dockerホスト上ですべての「コンテナ」の一覧を表示します。下記のコマンドを使います。

`GET /containers/JSON`

《Creating containers》

「コンテナ」を作成します。下記のコマンドを使います。

`GET /containers/create`

《Inspecting a container》

「コンテナ」の詳細を調査します。下記のコマンドを使います。

`GET /containers/(id)/json`

第7章 その他のDocker技術

《Listing container processes》
「コンテナ」内で走っているプロセスをリスト化します。
```
GET /containers/(id)/top
```

《Getting container logs》
ログを取得します。
```
GET /containers/(id)/logs
```

《Changing a container's filesystem》
「コンテナ」のファイル・システムを変更します。下記のコマンドを使います。
```
GET /containers/(id)/changes
```

《Exporting a container》
コンテナを出力します。
```
POST /containers/(id)/export
```

《Getting a container's resource》
「コンテナ・リソース」の統計を入手します。
```
GET /containers/(id)/stats
```

《Resizing a container TTY》
「コンテナ」の「TTY」(制御端末)のサイズを変更します。
```
POST /containers/(id)/resize
```

《Starting a container》
「コンテナ」をスタートさせます。
```
POST /containers/(id)/start
```

《Stopping a container》
「コンテナ」を停止します。
```
POST /containers/(id)/stop
```

[7-2] APIの操作 (Containers)

《Restarting a container》
「コンテナ」を再起動します。
```
POST /containers/(id)/restart
```

《Killing a container》
「コンテナ」を強制停止します。
```
POST /containers/(id)/kill
```

《Renaming a container》
「コンテナ名」を変更します。
```
POST /containers/(id)/rename
```

《Pausing a container》
「コンテナ」を一時停止します。
```
POST /containers/(id)/pause
```

《Unpausing a container》
「コンテナ」の一時停止を解除します。
```
POST /containers/(id)/unpause
```

《Attaching a container》
「stdin」などのファイルをコンテナに添付します。
```
POST /containers/(id)/attach
```

《Attaching a container (websocket)》
Web socketを使ってコンテナにファイルを添付します。
```
POST /containers/(id)/attach/ws
```

《Waiting a container》
「リターンコード」を、「コンテナ」が停止するまでブロックします。
```
POST /containers/(id)/wait
```

第7章 その他のDocker技術

《Removing a container》
　ファイル・システムから「コンテナ」を削除します。
```
DELETE /containers/(id)
```

《Copy or folders from a container》
　「コンテナ」から「フォルダ」と「ファイル」をコピーします。
```
POST /containers/(id)/copy
```

《Retrieving information about files and folders in a container》
　「コンテナ」内の「ファイル」と「フォルダ」の、特定の情報を抽出します。
```
HEAD /containers/(id)/archive
```

《Get an archive of a filesystem resource in a container》
　「コンテナ」内のファイル・システムの「アーカイブ」を入手します。
```
GET /containers/(id)/archive
```

《Extract an archive of files or folders to a directory in a container》
　「コンテナ内」のディレクトリに、「ファイル」や「フォルダ」を解凍します。
```
PUT /containers/(id)/archive
```

7-3 APIの操作 (Images)

ここでは実際の「イメージAPI」の操作を「GET」「POST」「DELETE」「PUT」「HEAD」を使って解説します。

■「イメージAPI」の操作コマンド一覧

《Creating an Image》

イメージを作ります。下記のコマンドを使います。

`POST /images/create`

《Inspecting an Image》

イメージを検査します。下記のコマンドを使います。

`GET /images/(name)/json`

《Getting the history an Image》

イメージの履歴を入手します。

`GET /images/(name)/history`

《Push an image on the registry》

「レジストリ」にイメージを配信します。

`POST /images/(name)/push`

《Tag an image into a repository》

「レジストリ」内のイメージに「タグ」を付けます。

`POST /images/(name)/tag`

《Listing all Image》

「Dockerホスト」上のイメージをすべて「リスト化」します。

`GET /images/json`

第7章　その他のDocker技術

《Deleting an Image》

イメージを削除します。

`DELETE /images/(name)`

《Searching an Image》

イメージを検索します。

`GET /images/search`

《Build image from a Docker》

「Dockerファイル」からイメージを構築します。

`POST /build`

MEMO

【第8章】
プロビジョニング

この章では、「Docker」の「プロビジョニング」で使う、さまざまなツールを解説します。

8-1 「Docker」の「プロビジョニング」

ここでは「Docker」の「プロビジョニング技術」を解説します。

「プロビジョニング」とは、「準備」「用意」することです。
「Dockerコンテナ」の「プロビジョニング」で使うツールには、代表的なものとして「Vagrant」があります。

■ Vagrant

「Vagrant」は、仮想環境構築ツールで、いろいろなOSが使え、何回でも使える開発環境を作ることができる、オープンソースのツールです。
このソフトを使うには、「仮想マシン」の立ち上げが可能なプロバイダが必要です。
デフォルトでは「Virtual Box」を使っており、Linuxを使わずに「Docker」が利用できます。

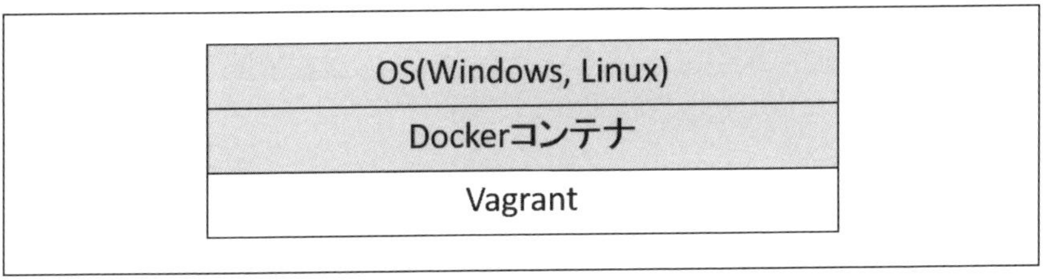

OS(Windows, Linux)
Dockerコンテナ
Vagrant

図 8-1　vagrantの基本①

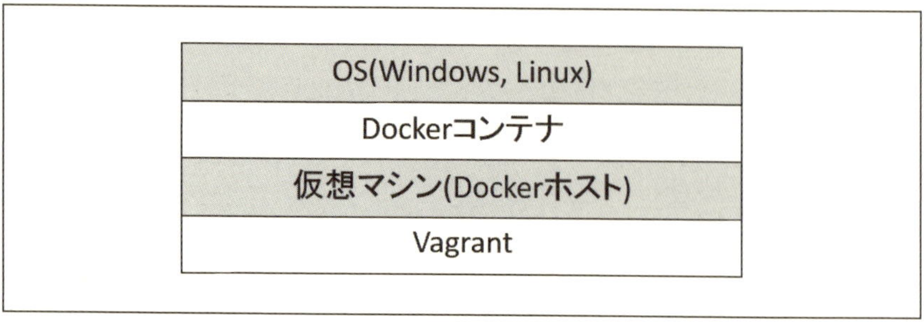

第8章 プロビジョニング

```
┌─────────────────────────────────┐
│   OS(Windows, Linux)            │
│   Dockerコンテナ                 │
│   仮想マシン(Dockerホスト)        │
│   Vagrant                       │
└─────────────────────────────────┘
```

図 8-2　vagrantの基本②

● **Vagrantのメリット**

「Vagrant」はどのような環境でも動かせます。

たとえば「Docker」が「サポートしている/していない」に関係なく、どのようなプラットフォームやマシンでも利用可能です。

「Vagrant」は、「ディストリビューション」の制限がありません。
「Debian」「CoreOS」など、どのようなディストリビューションでも使用可能です。

また、前述した「オーケストレーション」としても使うことができます。

さらに「Dockerプロビジョニング機能」や後述の「Chef」との連携で、よりよい開発環境が作れます。

■ **「Docker」の「プロビジョニング機能」**

通常、「Docker」の「プロビジョニング機能」は、(コンテナ、イメージともに)自動的に「Docker」にインストールされます。

「Vagrant」は、「Docker」を始める際に、開発環境に「コンテナの構築」と「展開プロセス」を「自動化」するための最良の方法を提供します。
ですので「Vagrant」は、「Docker」を使うチームにとっては、非常に相性がいいです。

[8-1]「Docker」の「プロビジョニング」

■ Vagrantfile

「Vagrantfile」は、Vagrant環境用のメインとなる「設定ファイル」です。

●「Vagrantfile」の特徴

「Vagrantfile」は、プロジェクトで要求される全プロビジョニングの設定を保持する「テキスト・ファイル」です。

また、プロジェクトごとに1つの「Vagrantfile」をもちます。

「Vagrantfile」は、「Vagrant」をサポートするシステムであれば、どこでも使用可能です。

「Vagrantfile」内部は「ruby」で書かれていますが、修正および作成にrubyの知識は必要ありません。

MEMO

第8章 プロビジョニング

8-2 「Vagrant」のオプション

「Vagrant」には、さまざまなオプションが存在します。これらのオプションによって、効率的にコンテナを構築していきます。

■ 主なオプション

●「Image」オプション

このオプションは、「arrayオプション」とも言います。

「docker pull」を使い、取得するイメージの一覧です。

「Vagrant」の「仮想マシン」に提供する「イメージ」のリストを取得できます。

*

さらに、このオプションにはさまざまな機能が存在します。

《build_image》

「Dockerファイル」からイメージを構築します。

《pull_image》

「イメージ」を落とし込みます。このイメージから、始めることはできません。

《run》

「コンテナ」を稼働させて「ブート」します。

これは、一回のみの設定で大丈夫です。

●「Version」オプション

インストールするDockerの「バージョン」が分かります。

デフォルトでは、最新バージョンのDockerが、ダウンロード、インストールされます。

● Building images

自動的に「イメージ」を構築します。

[8-2]「Vagrant」のオプション

「イメージ」は、現在設定されているコンテナよりも先に構築することができます。

「イメージ」を構築する引数（アーギュメント）は、「docker build」に付与されるパスです。これは、通常、ゲストマシン内のパスとなります。

ゲストマシンのデータを得る必要がある場合は、同期フォルダを使う必要があります。

＊

「build image」には、さらに「arg」や「string」というオプションが存在します。

これは「docker build」にパスの引数を追加します。イメージに「-t」と「foo」というタグを付けます。

```
Vagrant.configure("2") do |config|
config.vm.provision "docker" do |d|
d.build_image "/vagrant/app"
end
```

● Pulling images

「Dockerレジストリ」から自身の「Dockerホスト」に「イメージ」を引くことができます。この時点で、いろいろな「イメージ」を適用することが可能となります。

イメージを引く方法には2つの方法があります。「pull_image機能」と「array」の方法です。

まず、arrayの方法を以下に示します。

```
Vagrant.configure("2") do |config|
config.vm.provision "docker",
images: ["OS名"]
end
```

第8章　プロビジョニング

イメージに「CentOS」や、「Ubuntu」を引き込む場合は、「OS名」に「その名前」を入力します。

*

次に、"pull_image"機能の方法を以下に示します。

```
Vagrant.configure("2") do |config|
config.vm.provision "docker" do |d|
d.pull_images "OS名"
d.pull_images "Vagrant"
end
```

結果は上記と同じです。

● Running containers

「pulling image」を使うと、コンテナを稼働します。

コンテナを稼働する方法を以下に示します。

```
Vagrant.configure("2") do |config|
config.vm.provision "docker" do |d|
d.run "イメージ名"
```

```
end
```

これで「イメージ名」に入力された名前のコンテナが構築されます。

その他の「イメージ」のオプションは以下になります。複数のコンテナ構築するときなどに使います。

《image(string)》

イメージを稼働させます。

《cmd(string)》

コンテナ内で始まるコマンドです。

[8-2]「Vagrant」のオプション

《args(string)》
　これらは「Docker」に直接パスされる特別な引数です。

《auto_assign_name(boolean)》
　「true」であれば、稼働する最初の引数に設定されます。デフォルトでは「true」です。

《daemonize(boolean)》
　「true」であれば、コンテナをデーモン化するために「docker run」にオプション「-d」を付与します。

《restart(string)》
　コンテナ用の「リスタート・ポリシー」です。デフォルトは「always」です。

MEMO

第8章 プロビジョニング

8-3 サーバ設定ツール「Chef」

まず「Chef」(シェフ)の定義を解説します。

■「Chef」の定義

「Chef」は、広義な意味で言えば、インフラを「検証作業」や「反復作業」をしやすくするような「アプリケーション・コード」に変換することです。

要するに、「インフラ」のあらゆる自動化(「構築」「展開」「運用」)をします。

＊

「Docker」における「Chef」の役割には、以下のようなものがあります。

・「Dockerイメージ」の作成と「コンテナ」の展開
・ブート中の「Dockerコンテナ」の設定
・「Dockerホスト」のセットアップ

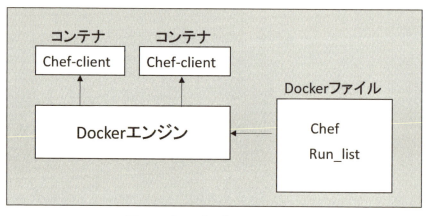

図8-3 「Chef」の「アーキテクチャ」

そして「Docker」を運用するにあたり、必要となる「Chef」のコンポーネントは、以下のとおりです。

[8-3] サーバ設定ツール「Chef」

《Chef container》

これはDockerコンテナ内で稼働する「chef-client」です。

「Chef container」は「runit」と「chef-init」を使います。これは「initシステム」と「コンテナ・エントリポイント」として使うためです。

《Knife container》

これは「Chef」を使う「Dockerコンテナ」を管理・構築するための「knifeプラグイン」です。

「Chef」によってDockerコンテナを運用するためには、chefクライアントと「chefdk」のインストールが必須となります。

■ ChefによるDockerインストール

「Chef」でDockerをインストールには、「chef-docker cookbook」を使用します。

● Dockerインストール

実際に「Chef」にDockerをインストールするには、「recipe[docker]コマンド」を「run-list」に加えます。

ここで参考に、「Chef」の書き方を下記に一例として記載します[1]。

《Include Docker recipe》
Dockerのレシピを読み込みます。
```
include_recipe 'docker'
```

《Pull latest image》
いちばん最近のイメージを取り出します(要確認)。
```
docker_image '***'
```

※1 「***」には、「任意のコード名」「真偽値」「ポート番号」「環境変数」「パス」などを入力します。

第8章　プロビジョニング

《Run container exposing ports》
　コンテナの出力ポートを起動します。

```
Docker_container
'***' do
detach ***
port ***
env ***
volume ***
end
```

MEMO

8-4 Puppet

まず、「Puppet」の定義を解説します。

■「Puppet」の定義

「Puppet」は、インフラの状態を定義するための「コンフィグレーション・マネジメント・システム」です。

正常な環境を自動的に実行してくれます。それが「数台」であろうが「数千台」であろうが、「物理マシン」であろうが「仮想マシン」であろうが、です。

「Puppetのモジュール」は、「Docker」で利用できるようにサポートされています。

●「Puppetモジュール」のインストール

「Puppetモジュール」のインストールは、以下のコマンドを使います。

```
$ puppet moduke install garethr-docker
```

■Puppetマニフェスト

ここで参考に「マニフェスト[※2]」の書き方を、一例として下記に記載します[※3]。

《Installation》

以下の方法でインストールします。

```
include 'docker'
```

《Download image》

イメージをダウンロードします。

```
docker::image
{'***':}
```

[※2] Puppet独自の宣言型言語で、システムの状態を記述したファイル
[※3] 「***」には、「任意のコード名」「真偽値」「ポート番号」「環境変数」「パス」などが入力されます。

第8章　プロビジョニング

《Run a container》
　コンテナを起動します。

```
docker::run {
'***':
image =>'***',
command =>'***',
ports => '***'
volumes => '***'
}
```

【第9章】マイクロサービス

この章では「Dockerの理解」をより深めるため、「Dockerの考え方」の原型となる「マイクロサービス」の概念を解説します。

9-1 「マイクロサービス」とは

　今まで解説したDockerの根本的な技術思想を一言でまとめると、「コンポーネントごとに独立させてアプリケーションを開発できる」となります。
　そしてこの「コンポーネントごとに開発」という考え方こそが、「マイクロサービス」の思想となります。
　要するにDockerの技術は、「マイクロサービスの考え方」が踏襲された技術なのです。

*

　ここまでは「Docker」という特定製品について解説してきましたが、この章では、その根本のアーキテクチャ思想となる「マイクロサービス」について言及します。
　このアーキテクチャを理解すれば、より一層「Docker」を理解できるようになるでしょう。

■「マイクロサービス」とは

　「マイクロサービス」とは、個々の「アプリケーション」の「コンポーネント」を「サービス化」し、「サービス」ごとに開発する「アーキテクチャ」です。

　「サービス化」とは、「独立した小さなコンポーネント」、つまり「プロセス」に分割するという意味です。
　大規模アプリケーション開発で使われる「アーキテクチャ」です。

　なぜこのような「アーキテクチャ」が生まれたのでしょうか。

*

　現在のアプリケーション開発は、非常に大規模化かつ複雑化しています。

第9章　マイクロサービス

そのため、1つのアプリケーションを、今まで通りの順番で開発するのは、非常に効率が悪いです。

そこでアプリケーションを細かく「サービス」として分割して、開発します。

そうすることで、効率的にかつ特定の技術の理解のみで開発できる、という発想から、「マイクロサービス」という「アーキテクチャ」が生まれました。

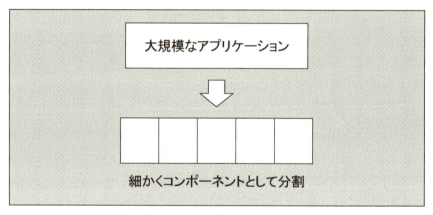

図 9-1 「コンポーネント」化

■「マイクロサービス」の特徴

「マイクロサービス」の最大の特徴は、異なるコンポーネント同士を「APIゲートウェイ」や「HTTP」を使って通信させることです。

「APIゲートウェイ」で、内部プロセス間の通信が可能になります。

そして、この「APIゲートウェイ」の内容を理解するには、「SOA」(Service Oriented Architecture)と「モノリシック・アーキテクチャ」という考え方も理解しなければなりません。

実際、「SOA」や「モノリシック・アーキテクチャ」と「マイクロサービス」は、比較されることが多い技術です。

「SOA」と「モノリシック・アーキテクチャ」に関しては後述します。

[9-1]「マイクロサービス」とは

図 9-2　マイクロサービスの基本

＊

「マイクロサービス」の特徴をまとめると、以下の通りです。

・サービスのコンポーネント化
　マイクロサービスはライブラリを使います。
・ビジネス機能の統一
・製品重視思想

■「マイクロサービス」のメリット

「マイクロサービス」のメリットは、以下の通りです。

《開発者のための考え方》
　開発者が簡単に理解できるように、サービスを小さくします。
　この「IDE[※1]」は、迅速に開発者の生産性をアップさせます。
　こうすることによって、「コンテナ」や「アプリケーション」を迅速に稼働できます。

※1　Integrated development environment の略で、統合開発環境のこと。

第9章　マイクロサービス

《サービスの独立性》

　他のサービスと連携しなくても、展開が可能です。

　これは、要するに「特定サービス」の「新バージョン」が簡単にリリースできることを意味します。

《プロセスの計測》

　「開発プロセス」を簡単に計測できます。

　「複数のチーム」が「特定のサービス上の開発」に参加するために、簡単にサービスを組織化し、分離することができます。

《障害からの分離》

　各々の「サービスの障害」を分離できます。

《開発と展開の独立性》

　「開発」と「展開」の独立性を保ちます。

■「マイクロサービス」のデメリット

　「マイクロサービス」は、よいことずくめではありません。

　次に、「マイクロサービス」のデメリットを解説します。

《分散システムの制約》

　開発者は、常に追加される「複雑な分散システム」を作らなければなりません。

　入手可能な「IDE」のほとんどは、「モノリシック・アーキテクチャ」の手伝いをするだけであり、「分散システム」ではありません。

　したがって、「テスト」は複雑になるでしょう。

《通信の制約》

　開発者によっては、「サービスの相互通信」を「自動化」する必要があります。そしてこれには、他のチームとの統合を必要とします。

　相性の悪いサービスの開発に取り掛かっているチーム同士でも、例外は

ありません。

《本番環境への展開》
　開発されたアプリケーションの「本番環境への展開」は、非常に複雑なプロセスです。現在稼働中の多数のサービスと関連しなくてはならないからです。
　これらのサービスの管理が、非常に大変です。

第9章　マイクロサービス

9-2　「SOA」とは

「マイクロサービス」を理解するうえで欠かせない考え方に「SOA」(Service Oriented Architecture)というアーキテクチャがあります。

■「マイクロサービス」における「SOA」

まず「マイクロサービス」における「SOA」の考え方を下に示します。

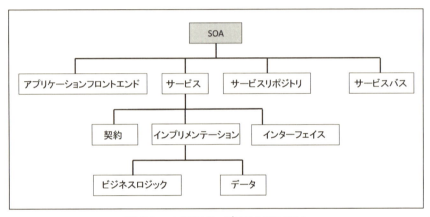

図 9-3　マイクロサービスにおけるSOA

「SOA」の基本的な考え方は、「サービス化」と「連携基盤」です。

「SOA」が流行りだした時代は、「サイロ化[※2]されたシステムを統合しよう」が合言葉でした。

■「SOA」のサービス

「SOA」における「サービス」とは、「各システム」が「他システム」から利用されることを前提とした機能を指します。

通常、「SOA」の導入では、機能を「サービス化」し、「機能/非機能」要件を固めて、設計していく方式を採ります。

※2　アプリケーションやデータが部門や個人ごとに孤立していること。縦割り。

[9-2]「SOA」とは

■「連携基盤」とは

「連携基盤」とは、どのようなものなのでしょうか。

＊

まず、「業務システム」(アプリケーションデータ)を連携して、「双方向通信」するためには、以下の3つの方法があります。

① EDI[※3]
③ EA[※4]
③ SOA

中でも③の「SOA」は、「Enterprise Service Bus」[※5]という基盤を導入し、業務システムを連携させます。

これらを通称「連携基盤」と呼びます。

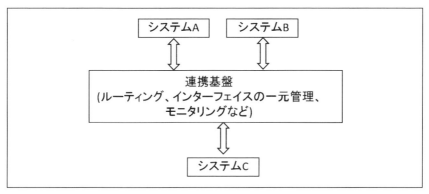

図 9-4　連携基盤

※3 「Enterprise data integration」の略で、ネットワーク上のデータとデスクトップ・アプリを連携させること。

※4 「Enterprise Architecture」の略で、大企業や政府機関などの組織の業務手順や情報システムを標準化し、効率のよい組織の運営を図るための方法論。

※5 まったく異なる形式のサービスを用いる複数のアプリケーションを、間接的につなぐもの。

第9章 マイクロサービス

■「連携基盤」の技術

「連携基盤」で使う技術には、以下のものがあります。

- JMS連携
 JMSは「Java Message Service」の略で、複数のアプリケーションがメッセージの交換を通じて通信します。
- ファイル連携
 連携したいデータをファイルに出力します。そのファイルを連携先サーバに転送し、その後そのファイル内のデータを連携先が取り込みます。
- Webサービス連携
 Web上でサービスインターフェイスを通して連携します。
- ETL連携
 「Extract」「Transform」「Load」の略で、企業内に存在する複数のシステムからデータを抽出し、Delaware Houseなどに、抽出したデータを変換、加工して渡します。

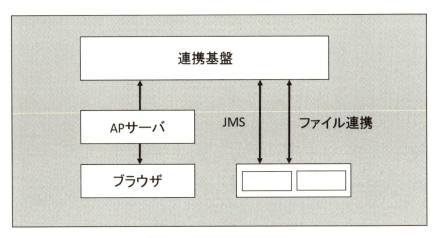

図 9-5　連携基盤の連携技術

[9-2] 「SOA」とは

■ 連携基盤の導入目的

まず業務システムが「サイロ化」されていると、どのようなデメリットが発生していくかを見ていきましょう。

【サイロ化のデメリット】
・データの二重投入。
・要件ごとにシステム・インターフェイスの設計が必要となる。
・データフローの把握が困難。
・システムごとのデータ連携となってしまい、各システムの担当者のみの把握となってしまう。

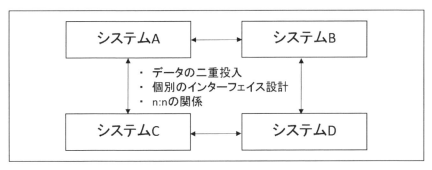

図 9-6　サイロ化された環境

【連携基盤の導入方法】

ここでは一例として、徐々に展開していくオーソドックスな連携基盤の導入方法を解説していきます。

[1]「連携基盤の導入」と「標準連携方式の策定」。

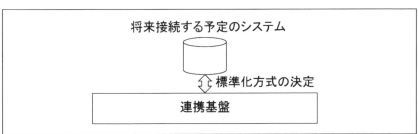

133

第9章　マイクロサービス

[2] 少数のシステムを「標準連携方式」に則って連携する。

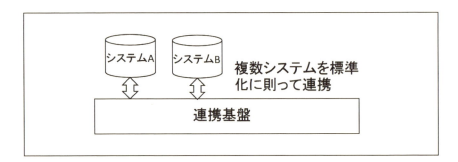

[3] すでに連携しているシステムを参考にして「他システム」と連携する。

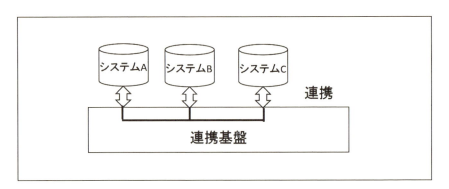

[4] Webサービスと連携して、「SaaS」などの「外部クラウドサービス」に対応できるようにする。

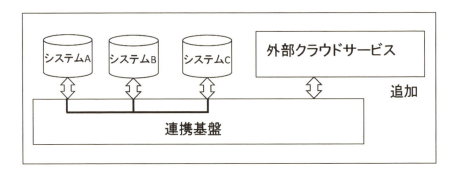

[9-2]「SOA」とは

■ サービスの設計

「サービスの設計」で大切なことは、以下のとおりです。

・汎用性と再利用性を高める
・自己完結型(業務的)である
・トランザクションの独立性を保つ
・サービスの公開時期とその管理
・インターフェイスの標準化

■ 機能要件

「SOA」における「機能要件」とは、「サービスが提供する要件」のことです。

《機能仕様》
　サービスが提供する機能を決定します。

《入力データ》
　サービスのインプットとなるデータのフォーマットと内容について決定します。

《出力データ》
　サービスのアウトプットとなるデータのフォーマットの内容について決定します。

《例外処理》
　サービスの処理中に発生したときのエラー処理を決定します。

■ 非機能要件

「SOA」における「非機能要件」とは、「インフラ」や「通信方法」などの「システム系の要件」のことです。

《処理形態》
　「同期」と「非同期」の方法を決定します。

第9章　マイクロサービス

　「同期」の場合は、サービスの実行が完了するまで、呼び出し側の処理はブロックされます。
　「非同期」の場合は、サービスの実行が完了するまで、呼び出し側の処理はブロックされません。

《通信方向》
　「リクエスト／レスポンス」型か「リクエストのみの受け取り」かを決定します。

《スループット》
　単位時間内における「実行可能処理数」を決定します。

《レスポンスタイム》
　「サービス実行時間」を決定します。

《メッセージ配信の信頼性》
「ベストエフォート」「At-Least-Once」などの方法を決定します。
　「ベストエフォート」は、メッセージ損失の可能性があります。
　「At-Least-Once」は、同一メッセージが送られる可能性があります。
　「Exactly-Once」は、最も高い配信レベルを保証します。

《サービスの可用性》
　「サービスダウン・タイム」の許容性を決定します。

《サービスの利用可能時間》
　サービスを利用できる時間帯を決定します。

《セキュリティ要件》
　「サービス・アクセス制御方法」「ユーザー認証方法」「メッセージ暗号化方法」「通信レイヤーの暗号化」を決定します。

[9-2]「SOA」とは

■ サービス・インターフェイス

「サービス・インターフェイス」の定義は、下記のように行ないます。

- 「標準インターフェイス」の採用を心がける。
- 「インプット」と「アウトプット」は「シンプルなデータ型」を基本とする。
- 「サービス」の「複数の呼び出し」は避ける。
- 「処理するデータ量」を常に意識し、気を付けるようにする。
- 「サービス名の名称」はシンプルなものにする。
- (データではなく)「ビジネス・ロジック」を中心に設計する。

MEMO

9-3 モノリシック・アーキテクチャ

ここでは「モノリシック・アーキテクチャ」を解説していきます。

■「モノリシック・アーキテクチャ」とは

「マイクロサービス」は「モノリシック・アーキテクチャ」と比較もされます。

「モノリシック・アーキテクチャ」は、「サーバ・コンポーネント」を「単一ユニット化」させます。

つまり、複数のサーバを連結させる「エンタープライズ・アプリケーション」になります。当然、「API」も使います。

*

「モノリシック・アーキテクチャ」は、「サードパーティ」を形成します。

それは「フロントエンド」に使いやすい「ユーザーインターフェイス」を作ることを意味します。

ブラウザ上で稼働する「HTML」や「JavaScript」を使います。

アプリケーション同士の統合には、「メッセージブローカー」や「Webサービス」を使います。その際、「HTTPリクエスト」も使います。

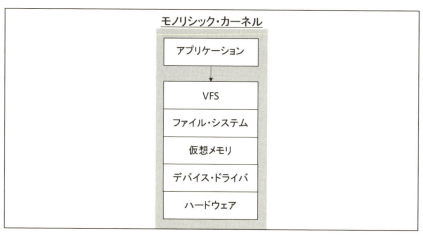

図9-7 モノリシックカーネルの構造

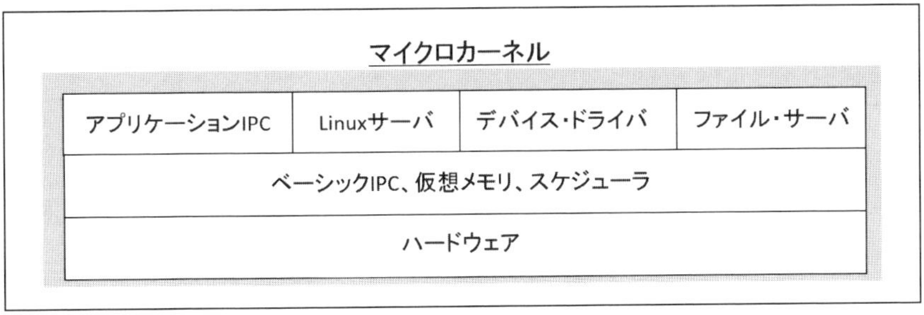

[9-3] モノリシック・アーキテクチャ

マイクロカーネル			
アプリケーションIPC	Linuxサーバ	デバイス・ドライバ	ファイル・サーバ
ベーシックIPC、仮想メモリ、スケジューラ			
ハードウェア			

図 9-8　マイクロカーネルの構造

「プロセス」には「ビジネス・ロジック」を使います。
「HTML」「JSON」「XML」などからレスポンスを返します。

■ アプリケーションのコンポーネント

ここでアプリケーション構造のコンポーネントを解説します。

《プレゼンテーション・コンポーネント》
　ユーザーからリクエストを受け取り次第、「XML」や「HTML」などの結果を返します。

《ビジネス・ロジック》
　これはアプリケーションにおける「ビジネス・ロジック」を指します。
　実際の処理が行なわれる場所となります。

《データベース・アクセス・ロジック》
　「データベース」にアクセスするのに必要なオブジェクトです。

《アプリケーション・インテグレーション・ロジック》
　「スプリング・インテグレーション[※6]」に基づいたメッセージを返すために必要なレイヤーです。

※6　Javaフレームワークである「Spring」を使った、企業システムを統合するためのもの。

第9章　マイクロサービス

■「モノリシック・アーキテクチャ」の問題点
●「クラウド上」での展開

　「モノリシック・アーキテクチャ」をクラウド上で展開することは、ユーザーにとって非常に難儀な作業です。

　なぜならば、単一部分の変更のみのために、全システムを再構築し、かつ再展開しなければならないからです。

　つまり、アプリケーションの変更は非常に大変ということになります。

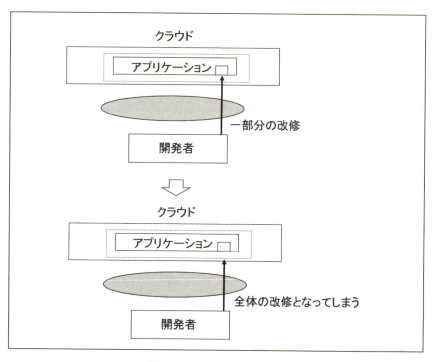

図 9-9　クラウド上での改修

● モジュール構造

　アプリケーションの「モジュール構造」も非常に複雑です。

　アプリケーションを修正しようと思った場合、結局、全体を修正しなければならないからです。

[9-3] モノリシック・アーキテクチャ

■「モノリシック・アーキテクチャ」vs. マイクロサービス

「モノリシック・アーキテクチャ」の考え方は、「マイクロサービス」の解説のときによく対比されます。

*

まず「マイクロサービス」の場合、コンポーネントはしっかりとした境界線を引きます。

これは、「異なるコンポーネント」を「違うプログラミング言語」で実行できることを意味します。

つまり、「異なるチーム」ごとに運営することが可能になる、ということです。

●「モノリシック・アーキテクチャ」のメリット

では、「モノリシック・アーキテクチャ」のメリットは、どこにあるのでしょうか。

《簡単な開発環境の提供》

「モノリシック(一体的)なアプリケーション」を開発するために、多数の「開発ツール」や「環境」が用意されます。

《容易な拡張》

「モノリシック(一体的)なアプリケーション」の拡張が容易です。

これは、「ロードバランサ」直下で、複数のインスタンスが同時に稼働するためです。

《簡単な展開》

展開が容易です。

なぜならば、「マスター・キー」の「warファイル」をもっていれば、それを展開すればいいだけだからです。

●「モノリシック・アーキテクチャ」のデメリット

「モノリシック・アーキテクチャ」のメリットは、同時に「システム」や「チーム」が増加すると、逆にさまざまなデメリットを生み出します。

第9章　マイクロサービス

《Webコンテナの負荷増大》
　アプリケーションが大きくなりすぎた場合、起動に時間がかかり、開発者の生産性を下げてしまいます。

《IDEの負荷増大》
　「コードベース」が多くなりすぎた場合、「IDE」は遅くなります。
　これも、開発者の生産性を下げます。

《大きいコードベースの弊害》
　初めて開発に携わる開発者にとって、大きな「コードベース」は弊害となります。
　「コードベース」の理解に時間がかかって、結局チームの生産性を下げてしまいます。

《「ディメンション」のみの拡張が困難》
　「アプリケーションの拡張」は、「トランザクション量[※7]」を大きくして、「マルチコピー[※8]」で行なう必要があります。
　つまり、「データ量の増大」だけでは拡張ができない、ということです。

《同一データへのアクセス》
　アプリケーションのすべてのインスタンスは、同一のデータ保存場所にアクセスしなければなりません。

《開発作業の把握の困難》
　開発作業自体を把握することが困難になります。開発において、チームを分けなければならないからです。
　それぞれが、どのようなタスクを行なっているかの把握が、困難になります。

《長期間の拘束》
　1つの技術に長期間拘束されることになります

[※7]　トランザクションとは、お互いに関連する複数の処理をひとつにまとめたもの
[※8]　複数の複写先にコピーすること。。

9-4 マイクロサービスの「APIゲートウェイ」

ここではマイクロサービスにおける、APIゲートウェイの構造を解説します。

■ APIゲートウェイの構造

まずマイクロサービスを使うということは、同一のアプリケーションを使うために異なるユーザーインターフェイスを作る必要があるということです。

このへんは、「SOA」の技術と近いです。

*

複数の組織が使うポータル・サイトを例にします。

インターフェイスを開発する場合、以下が必要となります。

《HTML/JavaScript》

「モバイル」や「デスクトップPC」で使うインターフェイスを開発する場合は、「HTML」や「JavaScript」を使います。

《REST APIs》

「iPhone」や「Android」を使う場合、サーバとの双方向通信に「REST APIs」を使います。

「モバイル」から「ポータル・サイト」の特定の情報にアプローチできるようにするには、そのユーザーに必要な情報を提供できなければなりません。

つまり、特定情報を記載したページを作らなければならないということです。

たとえば、まったくの外部の人が見る場合は、「企業概要」「売り上げ」「従業員数」などの情報が見えて、内部の人間であれば「勤怠情報」「掲示板」が見える、などです。

これらの環境を「モノリシック・アーキテクチャ」で行なう場合は、アプ

143

第9章　マイクロサービス

リケーションに「シングルRESTコール」を使い、実行します。

「ロードバランサ」は、1つのインスタンスにリクエストを回します。
「データベース」への「クエリ」と「レスポンス」の後に、「クライアント」に展開されます。

*

これが「マイクロサービス」の場合は、勝手が違ってきます。
なぜならば、製品の詳細ページは、「複数のマイクロサービス」で共有されるからです。
ポータルの詳細ページは、下記のマイクロサービスによって、表示され所有されます。

【例】
概要サービス
勤怠サービス
お知らせサービス

要するに。「モノリシック・アーキテクチャ」では、Webシステムを「単一のユーザーインターフェイス」で管理するのに対し、「マイクロサービス」では、各ページごとにユーザーインターフェイスを作ると理解してください。

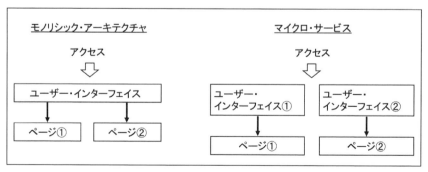

図9-10　「モノリシック・アーキテクチャ」と「マイクロサービス」の違い

【附録】 Linuxの技術

ここまで、Linuxを熟知している人向けに「Docker機能」や「Linuxカーネル」などを解説してきました。

ここからは、Linuxが得意でない人を対象にDockerを操作するときに、最低限知ってほしいLinuxの知識を解説していきます。

なお、ここで解説する技術は、「各ディストリビューション」で共通の技術です。

附録1　「ファイル・システム」と「ディスクの管理」

　第1章で「ファイル・システム」を解説しましたが、ここではもっと基本の「ファイル・システム」と「ディスクの仕組み」、「管理方法」を解説していきます。

■「ディスク・パーティション」とは

　そもそも「ディスク」(ストレージ)は、「データ」や「アプリ」を永続的に保存する必要があります。

　「ディスク」に書き込む情報は、通常は「パーティション」によって分割されます。そして、その「パーティション」は、「ファイル・システム」という仕組みで操作します。

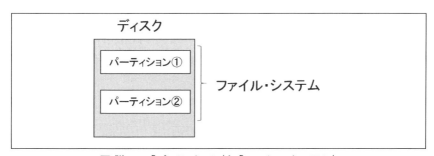

図 附-1　「パーティション」と「ファイル・システム」

附録　Linuxの技術

「ファイル・システム」にはさまざまなものがあります。

「リムーバブル・デバイス」を使う「ストレージ・ドライバ」や、「ネットワーク・デバイス」などです。

そしてこれらは、「パーティショニング」や「管理」が可能です。

■「ディスク・ストレージ」とは

「ディスク」は、OSのインストール時に「パーティション」として分割します。

そして「パーティション」は、「ファイル・システム」として「フォーマット」されます。

Linuxであれば、「swap」か「LVM」にフォーマットされます。

そして、「ディスク」は永続的に使う「ストレージ」として使われ、「RAM」や「swap」は「一時的記憶媒体」として使われます。

■「CPU」「RAM」「ハードディスク」「swap」の関係

ここで「CPU」「RAM」「ハードディスク」の基本的な動きを見ていきます。

これらには、下記のような特徴があります。
本当に基本的なことですが、今一度確認しておいてください。

・「CPU」がデータにアクセスする場合、「RAM」からアクセスする。その次に「ハードディスク」にアクセスする。
・「RAM」は「ハードディスク」より容量が小さい。
そして「RAM」は、「PC」がリブートすると、データが消去される。
・「swap」は「RAM」が限界に達したときに、一時的に「RAM」の役割を果たす領域。「ハードディスク」上に「swap領域」を作る。

例えるならば、「CPU」はものごとを考える「頭脳」で、「RAM」は作業後には何も残らない「作業机」、「ハードディスク」は「備忘録」、といったところでしょうか。

[附録1]「ファイル・システム」と「ディスクの管理」

■ Linuxの「ディレクトリ構造」

「Linux」では、最低1つの「ディスク・パーティション」が必要です。

そして、その「ディスク・パーティション」には、ファイル・システム全体を統括する「/」(root)が適用されます。

さらに、複数のディレクトリを割り当てるために、その数ぶんだけのパーティションをもちます。たとえば「/home」「/var」「/tmp」などです。

これらを総称して、「Linuxのディレクトリ構造」と言います。

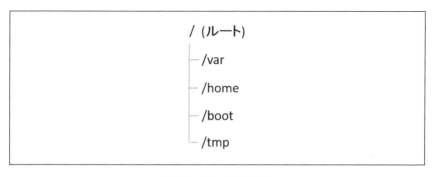

図 附-2 ディレクトリ構造

■「マウント」とは

既存の「ファイル・システム」に、「ハードディスク」(または「USBメモリ」や「ネットワーク・ストレージ」)を接続して、「ファイル・システム」を追加する場合は、「マウント」という技術を使います(「mount」というコマンドを使います)。

■ Windowsとの比較

「Windows」の「ドライブレター」(C, D, E)と、「Linux」のディレクトリ構造はとても似ており、対比させることが可能です。

この構造を利用して、「Windows」のGUI上で、「Linux」と「Windows」のファイルを交換するツールも存在します。

＊

附録　Linuxの技術

　また、Linuxでは、「VFAT」が利用できます。

　「VFAT」は、「USB」の「デフォルト・フォーマット」として、Windowsでも使われています。

　さらに最近は、Windowsの「ファイル・システム」である「NTFS」が、Linuxでも利用できるようになっています。

　ただしこの場合、「カーネル・ドライバ」が要求される可能性は高いです。

MEMO

[附録2]「LVM」(Logical Volume Management)

ここでは「LVM」(Logical Volume Management)を解説していきます。

■「LVM」とは

「LVM」は、「ボリュームグループ」(volume groups)という「ストレージ・プール」を作る方法です。

この方法なら、パーティションを直接操作するより、はるかに簡単に拡張や縮小できます。

イメージとしては、複数の「物理パーティション」の上に、「ボリューム」グループ」という「論理的なパーティション」のプラットフォームを載せ、さらに「論理ボリューム」に分割していく、といったところでしょうか。

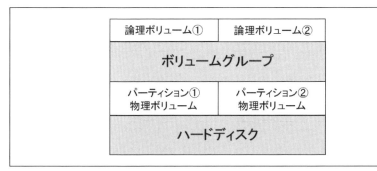

図 附-3　LVMのアーキテクチャ

＊

具体的に、「物理パーティションのみでの運用」と比較してみましょう。

「物理パーティション」の場合、一言でいうとディスク容量の拡張に柔軟性がありません。

容量が足りなくなるたびに、ディスクを追加することになります。

しかも、既存のデータとマージする[※1]こともできないので、独立したデータ領域がいくつもできることになり、非常に不便です。

※1　統合すること。

附録　Linuxの技術

　たとえば、「/var」の容量が足りなくなった場合、物理パーティションの運用では、新規のハードディスクを単体で設置するだけとなります。
　「/var」を統合することができないので、「サイロ化」された「ハードディスク群」を構成することになります。

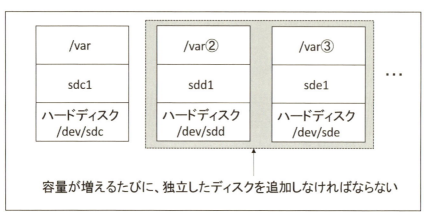

図 附-4　物理パーティションのみの運用

　一方、「LVM」であれば、これら「物理パーティション」の問題をすべて解決できます。
　「追加ディスクの容量」を「既存のディスクの容量」とマージできるからです。

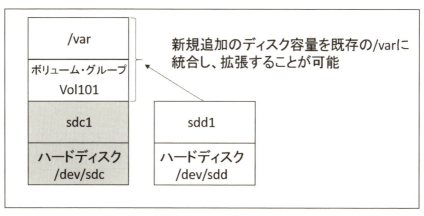

図 附-5　LVMでの運用

[附録2] 「LVM」(Logical Volume Management)

■「LVM」の確認
● fdisk

現在のLVMの状態を確認する場合は、以下のコマンドを使います。
これは一番目のディスク上の「パーティション」を表示します。

```
# fdisk -l /dev/sda | grep /dev/sda
Disk /dev/sda:<数字>GB, <数字>bytes
/dev/sda1 * <数字> <数字><数字><数字> Linux
/dev/sda2 * <数字> <数字><数字><8e> Linux LVM
```

2番目のディスクに「8e」と「Linux LVM」と書かれていて、これが「LVM」の証拠となります。

● pvdisplay

2番目のディスクが「LVM」を使っていると分かったので、次に以下のコマンドを使います。
これによって「LVM」の物理ボリュームの「詳細情報」を見ることができます。

```
# pvdisplay /dev/sda2
  --- Physical volume ---
```

● vgdisplay

こんどはボリュームグループの情報を見てみます。
下記コマンドを使います。

```
# vgdisplay <VG name>
  --- Volume group---
```

● lvdisplay

「vgdisplay」で表示された「Total PE」が、どこに分配されているかを確認するコマンドは、以下になります。

```
# lvdisplay <VG name>
  --- Logical volume ---
```

151

附録　Linuxの技術

附録3　Linuxのセキュリティ技術

第9章で、SELinuxについて解説しましたが、ここではもっと基本となるLinuxのセキュリティ技術を解説していきます。

■「ファイル・システム」のアクセス権

通常ディレクトリやファイルには、アクセス権が設定されています。

たとえばよく見るエラーメッセージに「Permission denied」というものがありますが、これは一言でいうと、「あなたにこのファイルまたくはディレクトリにアクセスする権限はありません」という意味になります。

＊

アクセス権は「9ビット」で割り当てられます。たとえば「-rwxrwxrwx」などとなります。

```
# ls -l
-rwx rwx rwx <ファイル名>　＊＊＊
 ①   ②   ③
```

図 附-6　アクセス権限

まず上記の図を例にとると、最初の3ビット（①）は「所有者権限」で、次の3ビット（②）が「グループ権限」、最後の3ビット（③）が「その他ユーザー権限」になります。

また、アルファベットの意味は、以下のとおりです。

- r→読み込み権限

  通称「read」で、ファイルを「読む」ことのみ可能な権限です。

- w→書き込み権限

  通称「write」で、ファイルの「書き込み」「名前変更」「削除」が可能な権限をもちます。

- x→実行権限

  通称「execute」で、プログラムとしてファイルを「実行」する権限をもちます。

[附録3] Linuxのセキュリティ技術

要するに、先ほどの図は、「所有者」「グループ」「その他ユーザー」が、「読み込み」「書き込み」「実行」のすべてできるファイルになります。

■ chmod

「chmod」は、「ファイル」または「ディレクトリ」のアクセス権限を変更するコマンドです。

このコマンドを使う方法の1つに、先ほどの「読み込み」「書き込み」「実行」を数字で表わす方法があります。

下記の数字が割り当てられています。
- r=4
- w=2
- x=1

この数字の合計で、アクセス権を設定します。以下のようになります。
- 0=なし
- 1=x
- 2=w
- 3=wx
- 4=r
- 5=rx
- 6=rw
- 7=rwx

以下に、参考として「アクセス権」とその「chmod」の例を記します。
【例】rwxrwxrwx
```
# chmod 777 file
```

附録 Linuxの技術

附録4　Docker Cloud

　Docker社は2015年に「Tutum社」を買収しました。そこの技術を使て、「Docker Cloud 1.0」というサービスをリリースしました。

■「Docker Cloud 1.0」とは

　Tutum社というのは、どのような企業なのでしょうか。

　Tutum社では、コンテナの大規模展開を容易にできる仕組みとして、「Container as a Service」(CaaS)を提唱しています。
　コンテナ実行環境の提供は行なわず、マルチクラウド展開のための展開・構築・管理を一元管理できるサービスを提供しています。

Tutum社のホームページ
```
https://www.tutum.co/
```

　そしてDocker社は、これらCaaSを含めたサービスを「Docker Cloud」として提供していくと、発表しています。

【Docker Cloudのホームページ】
```
https://cloud.docker.com/
```

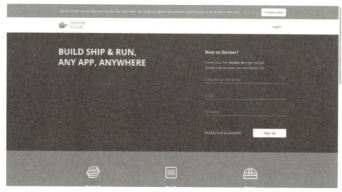

図 附-7　Docker Cloudのホームページ

[附録4] Docker Cloud

■「Container as a Service」とは

　「Container as a Service」の思想は、開発者と運用者が共同で作業できる環境の提供にあります。

　Docker社は、「Container as a Service」を下記3つの要素でまとめています。

《Build》

　開発環境として、「Docker Toolbox」を提供します。

《Ship》

　「Docker Trusted Registry」を提供します。
　コンテンツをセキュアに展開します。

《Run》

　「Docker Universal Control Plane」を提供します。
　「展開」「拡張」「運用」「管理」を容易にします。

```
   Build    ⇨    Ship    ⇨    Run
開発環境の提供   セキュアなコンテン   展開・運用管理・拡張
               ツ提供
               Dockerレジストリ

   開発者エリア            運用者エリア
```

図 附-8　CaaSの概要

■Tutum社のサービス

　Tutum社のホームページを見ると、「Build」「Deploy」「Manage」の観点で、サービスを提供しています。

　以下に、ホームページの内容から列挙します。

附録　Linuxの技術

●Build

ここでは、「アプリケーションの実行を容易にする」ということをコンセプトにしています。

- Dockerと併用できるプライベートレジストリ
- Dockerファイルを簡単迅速に展開できサービス
- オープンソースである"jumpstart"との両立
- GITでの構築

●Deploy

充実した「スケーラビリティ機能」「フォールトトレランス機能」「クラスター機能」の提供をメインにしています。

- 暗号化などによるセキュアなコンテナ通信
- マルチクラウド展開
- 複雑なアプリケーション・コンテナのテンプレート用意
- ボリュームの提供
- ロードバランサ機能

●Manage

非常に使いやすいダッシュボードを提供してくれます。
これにより、ログやデータの監視などが容易になります。

たとえば、下記のような機能が使えます。

- ログビューア機能
- アップデート機能
- キャパシティ管理機能
- スケーリング機能
- APIの提供

■Dockerの技術を追いかける

Dockerはクラウドの世界では、非常に新しい製品で、かつ技術革新も他製品より圧倒的に速いので、絶えず情報収集をしていく必要があります。

おわりに

結局、「Dockerの仕組み」を集約化すると、以下のようになります。

①自分のPCでコンテナを立ち上げる場合は、「Dockerレジストリ」から「Dockerイメージ」をダウンロードする。
②自分のPCでの作業を完了する場合は、コンテナを「Dockerイメージ」として、「Dockerレジストリ」にアップロードする。

そして、「Dockerイメージ」は「Dockerファイル」から作り、「Dockerファイル」を作るためのコマンドなどは、ほぼ「Linux」と考え方が一緒です。

ただ、これだけです。これが「Dockerの本質」です。

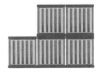

索引

五十音順

あ行

あ アクセス権 ………………… 152
　 アプリケーション・
　　　インテグレーション・ロジック … 139
　 アプリケーション・コード … 120
い イメージAPI ……………… 107
　 インストラクション ………… 39
　 インタラクティブモード …… 55
え エージェント ……………… 101
　 エンジン …………………… 101
お オーケストレーション ……… 71

か行

か 外部環境通信 ……………… 64
　 仮想インターフェイス ……… 62
き キー・バリュー・ストア … 84,96
く クラウドサービス ………… 103
　 クラスタ …………………… 85
　 グループID ………………… 18
　 グローバルユニット ……… 100
こ コンテナ …………………… 7
　 コンテナ・ランタイム ……… 97
　 コンテナAPI ……………… 107
　 コントローラ・マネージャ … 76

さ行

さ サービス …………………… 80
　 サービス・インターフェイス … 137
　 サービス・
　　　ディスカバリ … 71,83,96
　 サイロ化 ………………… 133
し シングルRESTコール …… 144
す スケジューラ ……………… 77
　 スタンダードユニット ……… 99
　 ストレージ管理 …………… 68

た行

て ディスク ………………… 145
　 ディスク・ストレージ …… 146
　 ディレクトリ構造 ………… 147
　 データベース・
　　　アクセス・ロジック … 139
　 デーモン化 ………………… 56

な行

な 名前空間 …………………… 16
ね ネットワーク ……………… 17
　 ネットワークのオプション … 63

は行

は パーティション ………… 145
　 ハイパーバイザ型 ………… 9
ひ ビジネス・ロジック ……… 139
ふ ファイル・システム … 23,143
　 ファイル連携 …………… 132
　 プラットフォーム ………… 47
　 ブリッジの構築 …………… 65
　 プレゼンテーション・
　　　コンポーネント ……… 139
　 プロセスID ………………… 16
　 プロセス間通信 …………… 17
　 プロビジョニング ……… 113
へ ベアメタル型 ……………… 9
　 ヘルス・チェック ………… 83
ほ ホストOS型 ……………… 9
　 ホスト名 …………………… 18
　 ボリュームグループ …… 149

ま行

ま マイクロサービス ……… 125
　 マウント ………………… 147
　 マウント・ポイント ……… 17
　 マスター・サーバ ………… 75
　 マルチ・データ・センター … 84
み ミニオン・サーバ ………… 78
め メモリの設定 ……………… 67
も モノリシック・アーキテクチャ … 138

や行

ゆ ユーザーID ………………… 18
よ 要求スペック ……………… 48

ら行

ら ラベル ……………………… 81
れ レジストリAPI ………… 105
　 レプリケーション・コントローラ … 81
　 連携基盤 ………………… 131

わ行

わ ワークユニット …………… 80

アルファベット順

A
ADD ………………………… 40
agentコマンド ……………… 88
APIゲートウェイ …… 126,143
APIサーバ …………………… 76
attachコマンド ……………… 57
Aufs ………………………… 23

B
Btrfs ………………………… 24

C
Cgroup ……………………… 18
Chef ……………………… 120
chmodコマンド ………… 153
Chrome OS ………………… 96
Cloud Foundry …………… 12
CMD ………………………… 40
commitコマンド …………… 57
configtestコマンド ………… 88
Consul ……………………… 83
Consulエージェント ……… 84
Consulクライアント ……… 85
Consulサーバ ……………… 85
COPY ……………………… 40
Core OS …………………… 96
COW ………………………… 20
COWファイル・システム … 20
CPU assignment ………… 19
CPUの設定 ………………… 67
cpコマンド ………………… 57

D
DAC ………………………… 27
daemonコマンド …………… 57
DELETE …………… 107,111
Device access …………… 18
Device Mapper ……… 25,68
diffコマンド ……………… 58
DNS技術 …………………… 64
Docker ……………………… 7
Docker API ……………… 105
Docker Cloud1.0 ……… 154
Docker Hub API ……… 105
Docker remote API …… 105
Docker0 …………………… 62
Dockerイメージ …………… 35
Dockerエンジン …………… 45
Dockerクライアント … 45,56
Dockerコンテナ …………… 34
Dockerサーバ ……………… 45
Dockerデーモン …………… 78
Dockerデーモンの
　　セキュリティ ………… 66
Dockerレジストリ ………… 37

索引

E
ENTRYPOINT ……………40
ENV ……………………39
etcd………………… 75,98
ETL連携…………… 132
eventコマンド……………88
execコマンド……………89
EXPOSE ……………40

F
Fleet ……………… 100
Fleetd…………………… 101
force-leaveコマンド ………89
FROM …………………39

G
GET …………… 107,111
Google App Engine………13
Google Cloud Platform …13
Google Container Engine 14
Gossip …………………85
gossipプロトコル ………92

H
HEAD…………… 107,111

I
imageコマンド………………58
infoコマンド………… 58,91
inspectコマンド…………58
Ipc ………………………17

J
JMS連携 …………… 132
joinコマンド………… 89,94

K
keygenコマンド ………89
keyringコマンド ………89
killコマンド ……………58
Kubeletサービス…………78
Kubernetes ……………73
Kubernetesプロキシ ……79

L
LABEL ……………………41
LAN Gossip ……………86
leaveコマンド ……………90
libvirt ……………………15
Linuxコンテナ……………… 8
Linuxディストリビュータ …… 7
lockコマンド ……………90
logsコマンド ……………58

LVM ………………… 149
LXC ……………………… 8

M
MAINTANER ……………39
maintコマンド ……………90
membersコマンド ………90
Memory usage …………19
Microsoft Azure …………14
Mnt ………………………17
monitorコマンド ………90
Multi-Level Security ……30

N
Namespace ………… 16,20
Net ………………………17
Network bandwidth ………19
Network traffic …………19
NISのドメイン名 …………18

O
ONBUILD ………………41
OpenShift ………………12
OS共有技術 ……………… 8
OSレベル仮想化 ………… 8

P
PaaS ……………………11
Pid ………………………16
Pods ……………………80
portコマンド………………58
POST …………… 107,111
Process accounting ……18
Processor scheduling ……19
psコマンド ………………60
pullコマンド ………………60
Puppet ………………… 123
Puppetマニフェスト …… 123
PUT …………… 107,111

R
RBAC ………………… 27,29
reloadコマンド ……………91
REST API ………… 45,143
restartコマンド ……………60
Resume …………………19
RHEL7へのインストール……49
rkt ………………………97
rmコマンド ………………60
RUN ……………………39
runコマンド ………… 55,60

S
Sandbox…………………28
searchコマンド ……………60
SELinux …………………27
Serf………………………92
SOA …………………… 130
SOAの非機能要件 …… 135
SOAの機能要件 ……… 135
startコマンド ……………60
stopコマンド ……………61
Storage …………………19
Subject …………………28
Suspend…………………19
swap …………………… 146
SWIM ……………………93
Systemd…………………99

T
topコマンド ……………61
Type Enforcement ………29

U
Ubuntuへのインストール …49
Units ……………………99
User ……………………18
USER ……………………41
Uts ………………………18

V
Vagrant ………………… 113
Vagrantfile……………… 115
versionコマンド …………61
VOLUME …………………41

W
WAN Gossip ……………86
wanコマンド ……………94
watchコマンド……………91
Webサービス連携 …… 132
Windowsへのインストール…50
WORKDIR ………………41

■著者略歴

西島 剛（にしじま・ごう）

（株）クラウドセーフティ 代表取締役社長。
派遣ITエンジニアからキャリアを始める。
大手システムインテグレータで「ヘルプデスク」「テクニカルサポート」「インフラ系エンジニア」を経験後、外資系システムインテグレータに入社し、SEとプロジェクトマネージャを経験する。
その後、（株）クラウドセーフティを設立し、「VDI」「DaaS」「仮想化」「データセンター」、そしてクラウド全般のコンサルティングを行なっている。

[著書]
仮想デスクトップ「VDI」「DaaS」入門（工学社）

質問に関して

本書の内容に関するご質問は、
① 返信用の切手を同封した手紙
② 往復はがき
③ FAX(03)5269-6031
　（ご自宅のFAX番号を明記してください）
④ E-mail　editors@kohgakusha.co.jp

のいずれかで、工学社編集部宛にお願いします。電話によるお問い合わせはご遠慮ください。

● サポートページは下記にあります。
【工学社サイト】http://www.kohgakusha.co.jp/

I/O BOOKS
はじめての Docker

平成28年4月25日　初版発行　ⓒ 2016	著　者　　西島　剛
	編　集　　I/O編集部
	発行人　　星　正明
	発行所　　株式会社工学社
	〒160-0004
	東京都新宿区四谷4-28-20 2F
	電話　　　(03)5269-2041(代)　[営業]
	(03)5269-6041(代)　[編集]
	振替口座　00150-6-22510

※定価はカバーに表示してあります。

[印刷] 図書印刷（株）

ISBN978-4-7775-1949-1